微觀大清史

從草原開始的帝國

朱耀輝 著

帝王夢
宮妃淚
名臣志
百姓話

從鐵騎入關說起
看權力與愛恨交織的大清百年記憶

「非典型」大清史，紅牆深宮中的軼事

皇室祕辛×忠臣叛將×絕代佳人

被正史掩蓋的枝微末節
從微觀角度拼湊起王朝的真實面目！

目錄

第一章‧‧大清開國

清朝是由滿族建立的，滿族的起源有一個美麗的傳說：長白山的東邊有座布庫里山，山下有個天池叫布林里湖。有三個仙女來湖裡游水玩耍。有一神鵲銜一朱果，放在了小仙女的衣服上。游畢上岸，小仙女發現衣服上面有顆鮮潤欲滴的果子，隨手把它放進嘴中。果入腹中，即感而成孕。小仙女趕緊向兩位姐姐求助，兩位姐姐說此乃天意，等你生下孩子，身體變輕後再回天上吧。不久，一個男孩誕生了。這個男孩就是布庫里雍順，他就是愛新覺羅家族的祖先。

努爾哈赤這個名字在女真語中是「野豬皮」的意思，他的同胞弟弟舒爾哈齊則是「小野豬皮」，另一個弟弟雅爾哈齊意為「豹子皮」。努爾哈赤的兒子、大名鼎鼎的多爾袞是「獾」的意思，嫡長孫杜度則是「斑雀」，外甥庫爾纏是「灰鶴」。

相傳，當年努爾哈赤落難，騎著一匹大青馬逃難，為了擺脫敵兵的追蹤，大青馬馱著努爾哈赤不知疲倦地一路狂奔，直至倒地不起，活活累死了。努爾哈赤傷心至極，就對這匹大青馬說：「大青馬呀，大青馬，將來我得了天下，我這國號就叫『大青』。」後來清軍入關，皇太極就依照當年努爾哈赤的意思，改國號為大清。

王杲被殺後，阿臺為報父仇，輾轉逃回古勒寨以圖東山再起。李成梁隨後率兵將之團團圍住。圖倫城主尼堪外蘭，為討好李成梁，引明軍至古勒寨。努爾哈赤的祖父覺昌安為救出自己的孫女，與其子塔克世入寨。在勸說之時，尼堪外蘭帶著手下將明軍引入，並在城牆高呼：「李太師（李成梁）有令，誰殺死阿臺，誰就做古勒城主！」結果導致城內一片騷亂，努爾哈赤的祖父和父親也雙雙被殺。

努爾哈赤率軍攻打翁科洛城，被鄂爾果尼一箭射中，血流到了腳上，仍鏖戰不已。這時候又有個名叫洛科的一箭射中努爾哈赤的脖子。箭頭有倒鉤，努爾哈赤拔出箭，頓時血肉迸落。城破後，鄂爾果尼和洛科兩人也都被抓獲。部下要將這兩人用亂箭射死，努爾哈赤說：「兩敵交鋒，志在取勝。大家各為其主，昨天他為他的主人射我，今天要是為我所用的話，明天不也將為我射敵嗎？」於是赦免了二人。

葉赫糾合哈達、烏拉、輝發等九部聯軍三萬，兵分三路征伐努爾哈赤。當時努爾哈赤兵不滿一萬，得知探騎的回報後，建州官兵人心惶惶，努爾哈赤聽後打著呼嚕睡著了。妻子富察氏把他推醒，說：「敵兵壓境，你怎麼還睡覺啊？你是害怕了？」努爾哈赤說：「要是我方寸亂了，害怕了，我能睡著嗎？起先我不知道這九部聯軍什麼時候來，老是惦記這事。現在知道他們已經來了，我心裡就踏實了。」說完又睡著了。第二天，他率部出戰，果然大獲全勝。

哈達部頭人蒙格布祿對明朝最忠實。努爾哈赤有一次襲擊了哈達部落，把蒙格布祿抓了起來。明朝邊吏要求努爾哈赤立刻釋放蒙格布祿。當時努爾哈赤的實力還不足以和明朝抗衡，假裝要把他的女兒許配給蒙格布祿，暗中卻授意一個美妾前去勾引蒙格布祿。蒙格布祿果然上當，被人在床上抓了個正著。努爾哈赤假裝盛怒，立刻把蒙格布祿處死，並乘機吞併了蒙格布祿的部落。

西元一六一八年，努爾哈赤對諸貝勒宣布：「吾意已決，今歲必征大明國！」隨後以七大恨告天，起兵反明。這七大恨分別為：明朝殺害了努爾哈赤的祖父和父親；明朝欺壓建州女真，偏袒葉赫、哈達女真；明朝強令努爾哈赤抵償其所殺的越界人命，違反了雙方劃定的範圍；明朝出兵保護葉赫，抵抗建州女真；葉赫在明朝支持下背信棄義，把與努爾哈赤有婚約的東哥轉嫁他部；明朝出兵逼迫努爾哈赤退出已開墾的柴河、三岔、撫安三地；明朝派蕭伯芝赴建州，作威作福。

清朝歷代統治者奉清太祖努爾哈赤的父親塔克世為大宗，依照清朝的制度，皇族的所有成員，都繫以「黃帶子」，或者「紅帶子」。努爾哈赤的直支子孫，被稱作「宗室」，全部繫以金黃色的帶子；努爾哈赤的叔伯兄弟的旁支子孫，被叫做「覺羅」，只許繫紅色的帶子。

努爾哈赤在建州起兵時，葉赫貝勒楊吉認知到其為「非常人」，對努爾哈赤說：「我有個小女兒，等她長大了一定要許配給你。」迫不及待的努爾哈赤問道：「欲結盟好，我可以迎娶您的大女兒呀，何必要等著小的呢？」楊吉說：「我雖有長女，恐未為佳偶。小女兒儀容端重，舉止不凡，她許配你最合適。」努爾哈赤遂即納聘禮，定下了這樁婚事，待其成年後與她完婚。

努爾哈赤去討伐洞城。洞城背靠饅頭山，城牆堅固厚實，全用大石塊壘疊砌成。洞城的城主名叫扎依海，年過六十，身體仍然壯實如牛。城內有蓄水池，由山頭眾多泉水引來，供城內人馬飲用。有部將提議說，那泉水是洞城的命脈，我們可以在泉水中下巴豆，保證三天之後，全城的人都拉肚子，直不起腰來。那時不需要拚殺，洞城唾手可得。努爾哈赤大喜，當下依計而行，兩天後，城內五首領果然來降。

西元一五九七年，努爾哈赤大敗九部聯軍之後，葉赫部布齋之子布揚古貝勒願將妹妹東哥送給努爾哈赤，努爾哈赤大悅。東哥有「滿蒙第一美女」之稱，在女真人中遠近聞名。不料性格剛烈的東哥卻聲言努爾哈赤是殺父仇人，誓死不嫁（其父布齋死於努爾哈赤與九部聯軍之戰），而且對天盟誓：誰若殺死努爾哈赤，便嫁誰為妻。於是，布揚古貝勒當眾毀約，並以「殺努爾哈赤」為條件向海西各部公開徵婚。

東哥改嫁蒙古王子，努爾哈赤身邊的將領怒不可遏，強烈要求出兵征討葉赫。努爾哈赤平靜地勸告：不要為了一個女人而打仗，特別是當這個女人背後站著葉赫部落與大明帝國時，更是如此。況且，我是當事人，我要是因為憤怒想去打仗，你們都應該勸阻我才對，現在怎麼反過來了？因為這個女人，哈達部、輝發部、烏拉部都滅亡了，這樣的女人不會活很久的。結果一語成讖，東哥嫁到蒙古部族後，僅僅一年就病逝了。

西元一六四一年，皇太極確定了對錦州長圍久困的策略，令部隊輪番圍困錦州。結果時間一長，圍城的士兵都受不了。多爾袞和豪格商量後，私下決定放官兵輪流回瀋陽探家，並將包圍線後撤三十里。皇太極大怒，對多爾袞說：「我加愛於你超過了所有諸子弟，好馬任你挑，好衣任你穿，好飯任你吃，比對誰都好。就是因為你勤勞國事，能夠恪遵朕命。如今，你讓我怎麼再信任你。」

明朝萬曆年間，建州女真首領努爾哈赤統一了海西、建州、東海三大部，控制了東臨大海（今日本海）、西界明朝遼東都司轄區、南到鴨綠江、北至黑龍江以北外興安嶺等廣大地區，並確立了八旗軍制。八旗士兵出則為兵，入則為民，開始時只分黃、白、紅、藍四色旗幟，後又增編鑲黃、鑲白、鑲紅、鑲藍四旗，共為八旗。女真人分編在八旗中，每旗可出兵七千五百人，共有兵力六萬餘人。

舒爾哈齊是努爾哈赤的同母弟，父親去世後，兩兄弟相依為命。努爾哈赤起兵後，舒爾哈齊始終是衝鋒陷陣的勇將，「自幼隨征，無處不到」。但隨著力量的壯大和權利欲的增加，舒爾哈齊逐漸居功自傲起來，兩人居室的規模陳設幾乎相同，服色飾物也一樣。一次，努爾哈赤接待朝鮮使臣，舒爾哈齊當即提出他「亦當接待」，還對朝鮮使臣正言道：「日後你國遣使送禮，卻不可於我兄弟有高下之別。」

舒爾哈齊在烏碣岩大戰中退縮不戰，努爾哈赤以不為力戰之罪，宣布將常書、納齊布正法。舒爾哈齊無法接受，宣稱：「誅二臣與殺我同！」努爾哈赤又改罰常書金百兩、奪納齊布所屬部眾人口，並宣布「不遣舒爾哈齊將兵」。舒爾哈齊滿腹牢騷，努爾哈赤說：「弟所得家業及屬人僚友，非我等之父所遺留之屬人僚友，乃為兄所賜耳。」但兄弟二人最終決裂，舒爾哈齊被努爾哈赤囚禁而死。

鐵帽子王是對清代世襲罔替的王爵的俗稱，清初有八大鐵帽子王，分別是：禮親王代善、睿親王多爾袞、鄭親王濟爾哈朗、豫親王多鐸、肅親王豪格、莊親王碩塞、克勤郡王岳託、順承郡王勒克德渾。清中後期，乾隆封康熙十三子怡賢親王胤祥，同治封恭親王奕訢，光緒封醇親王奕譞和慶親王奕劻，亦為「世襲罔替」。所以清朝共有十二家鐵帽子王。

褚英是努爾哈赤的長子，十九歲開始跟隨其父起兵，大小戰役百餘次，成為滿洲數一數二的勇士。一次，褚英、代善、舒爾哈齊、費英東、扈爾漢等人率三千人去蜚優城接應城主策穆特赫的家屬，途中，遭遇烏拉貝勒布占泰的埋伏，情況危急，舒爾哈齊不同意出兵交戰，褚英和代善僅率領一千人，分兩路突襲烏拉兵，褚英堅定的說：「憑藉汗父的威名，凡我健兒，都應戮力向前！」最終大獲全勝。

薩哈璘是努爾哈赤次子代善的第三子，素來為皇太極所尊敬，視之為股肱。可惜的是，薩哈璘三十三歲就去世，皇太極為之輟朝三日，於庭中設幄坐，不御飲食，四次入跪臨哭，深加哀悼。薩哈璘死後十天，皇太極在宮內午睡，夢見薩哈璘向他要牛，他醒來問禮部，原來，薩哈璘是追封親王，祭祀的時候沒有牛，皇太極馬上命人重新祭祀，配齊牛羊。並且親自寫了祭文。

皇太極在演武場設宴款待蒙古使臣，命人在靶場豎起箭靶較射。碩成親王岳託因不善射，向皇太極推辭說「臣不能執弓」。皇太極說你可以慢慢射。你不射，恐怕其他的諸王貝勒不服，並催促再三。岳託只好勉為其難，連射五箭均墜落於地。蒙古使臣鬨笑，氣憤的岳託竟將手中的弓向蒙古人群擲去。諸王貝勒等人共同會審，認為岳託一向心高氣傲，經皇太極同意，罰銀五千兩，解兵部之任，削貝勒爵。

多爾袞在一系列策略性軍事行動中，均有上佳的表現，「攻城必克，野戰必勝」，皇太極對他「特加愛重」。尤為難得的是，多爾袞不是一個只會帶兵打仗的赳赳武夫，他的政治頭腦和文化素養遠在其他王公貝勒之上。他曾經對大學士剛林回憶說：「以前經常看明朝的朝報，下面的人糊弄皇上，皇上的旨意也糊弄下面的人們，最是可笑。越看越不得了，索性不看了。」

豪格是皇太極的長子，比他的十四叔多爾袞還大三歲。兩人多次並肩作戰，經常是多爾袞為主帥，豪格為副帥。在圍困錦州被處罰時，多爾袞自請死罪，豪格也站出來表態說：「多爾袞是親王，我也是親王，因為他是叔父，所以命令他為主帥。既然他失策犯了錯，我跟著他，自然也該死。」

皇太極去世，豪格與多爾袞為爭奪帝位，鬧得不可開交。最後在雙方的妥協下，六歲的福臨繼位。兩年後，當多爾袞已經成為攝政王時，這樣對別人說：「昔日太宗死時，沒有確立繼承者，諸王、貝勒、大臣都寄希望於我，他們跪著請求我來繼位，我說：你們要是這樣說，我就要自刎，誓死不從，這才奉今天的皇上登上了皇位。」

崇政殿上，多鐸提議多爾袞繼位，多爾袞沉吟不語。多鐸說：「你若不願意，就立我為帝。我的名字是在太祖遺詔裡的。」多爾袞說：「太祖遺詔裡也提到了肅親王豪格的名字，不止是你一個人。」多鐸說：「既然我不行，那就立長，當立禮親王代善。」代善說：「睿親王多爾袞如果同意繼位，當然是國家之福。既然他不願意，就應該立皇子。豪格是皇長子，應該立他。」豪格說：「我福小德薄，不配擔當大任。」然後離開了會場。

葉赫古城是皇太極的生母孝慈高皇后的出生地，也是清朝末代慈禧、隆裕兩位太后的祖籍地，有「大清王朝三代皇后的故鄉」之稱。守城主將金臺石與努爾哈赤是郎舅關係，但在葉赫聯合九部聯軍征討建州女真的過程中與努爾哈赤結仇。西元一六一九年，努爾哈赤挾薩爾滸擊敗明軍之餘威揮師葉赫。葉赫軍出師不利，只好退守城內。外甥皇太極勸降失敗，金臺石點燃高臺大呼：「吾子孫雖存一女子，亦必覆滿洲！」

崇禎年間，年方二十的秦淮名妓柳如是不勝眾多公子名士的追逐和糾纏，曾公開宣稱，非才學如錢牧齋者不嫁。西元一六四一年，五十九歲的名儒錢謙益迎娶二十三歲的柳如是，致非議四起，婚禮中的船被扔進了許多瓦石。清軍打到江南以後，柳如是勸錢與其一起投水殉國，以死保名節，錢沉思無語，最後說：「水太冷，不能下」。柳如是奮身投入荷花池，身殉未遂。錢降清後遭忌被逐回鄉，鬱鬱而死。錢氏家族乘機逼索柳如是，柳如是投繯自盡。

清朝三百年歷史，有兩個女人不得不提，一位是博爾濟吉特．布木布泰（孝莊），出於大清日出東山的朝氣蓬勃時代；另一位是葉赫那拉．杏貞（慈禧），躑躅於日薄西山的晚清時期。二人雖隔著二百年的時光，但其經歷相仿。她們都是母以子貴，側身政壇四十餘年。孝莊歷經三朝，以她的傑出的政治才能給予玄燁奠定其王朝偉業極大的幫助；慈禧同樣歷經三朝，才能出眾，但她私欲過大，而且未能跟上時代潮流，最終敲響了王朝覆滅的喪鐘。

孝莊皇后姓博爾濟古特，名布木布泰，西元一六一三年三月二十八日出生於蒙古科爾沁貴族世家，她的遠祖據說是彪炳於千年史冊的成吉思汗的二弟哈布圖哈薩爾，是「黃金家族」成吉思汗的後裔。十三歲那年，布木布泰嫁給了後金國的四貝勒皇太極。皇太極稱帝後，她被封為莊妃。她曾協助三朝（皇太極、順治、康熙）皇帝統理朝綱，在奠定和發展大清江山的恢弘偉業中做出了重大貢獻。

西元一六二六年，努爾哈赤被袁崇煥用炮紅夷大炮擊傷後，在瀋陽傷重而死，臨終前沒有指定繼承人。四大貝勒代善、阿敏、莽古爾泰和皇太極都是王位的有力競爭者。但代善因與努爾哈赤的大妃烏拉那拉氏傳出緋聞，失去了部族的信任；阿敏只是努爾哈赤的姪子，且在征伐過程中屠城劫掠犯下大錯；莽古爾泰脾氣暴躁，親手殺死自己的母親；由此，皇太極自然成為繼承王位的不二人選。

努爾哈赤死後，實力最強也最得人心的皇太極準備繼位。此時努爾哈赤的大妃烏拉那拉氏也不甘心，為了爭取自己的兒子多爾袞繼位，也害怕自己失勢，假傳遺囑：「多爾袞繼位，代善輔政。」皇太極用了個手段，他找來努爾哈赤的近侍，要他作證說努爾哈赤死時留下遺言，要大妃烏拉那拉氏為之殉葬，逼大妃死殉，削弱代善的勢力，最後壓服代善，奪取汗位。

皇太極逝世，滿洲親貴在帝位繼承上產生矛盾。皇太極長子肅親王豪格與皇太極之弟多爾袞爭立。眾人在崇政殿討論繼承人選，爭執不下時，鰲拜與效忠於皇太極的一批將領紛紛離座，按劍而前，齊聲說道：「我們這些臣子，吃的是先帝的飯，穿的是先帝的衣，先帝對我們的養育之恩有如天高海深。如果不立先帝之子，我們寧可從死先帝於地下！」多爾袞只好作出讓步，提出擁立皇太極第九子、六歲的福臨繼位。這一折衷方案最終為雙方所接受。

李自成攻取北京，鎮守邊關的吳三桂向多爾袞緊急求助借兵，說：「除暴剪惡，大順也；拯危扶顛，大義也；出民水火，大仁也；興滅繼絕，大名也；取威定霸，大功也。況流賊所聚金帛子女不可勝數，義兵所至，皆為所有，此又大利也。這種摧枯拉朽的機會，實在是千載難逢。」並承諾說：「乞念亡國孤臣，忠義之言，合兵以滅流寇，則我朝不僅用財物報答，還將割讓土地以為酬謝。」

多爾袞給吳三桂回信：「至於今日，唯有底定國家與民休息而已。因此率仁義之師，沉舟破釜，期必滅賊，出民水火，不達目的，絕不罷休。」他安慰吳三桂：「過去，雖然你與我為敵，今天卻不需要有任何疑慮。為什麼？就像昔日管仲射齊桓公，齊桓公反而以管仲為仲父，終於成就了霸業。今天，你能給我寫信，我深為欣慰。你率眾來歸，必封以故土，進位藩王，一得以報國仇，二可以保身家，世世子孫長享富貴，永如山河。」

西元一六四四年，大明崇禎十七年、大清順治元年五月二日，在大明皇家儀仗的迎接下，大清鐵騎終於進入了北京城。三十二歲的多爾袞釋出了第一份政治宣言：「天下者非一人之天下，軍民者非一人之軍民，有德者主之。我今居此，為你們明朝雪君父之仇，破釜沉舟，一賊不滅誓不返轍。」

李自成攻破北京的消息傳到瀋陽後，掌握大清實權的關鍵人物多爾袞敏銳地意識到了轉機，立即召開會議，商討對策。在蓋縣養病的大學士范文程也星夜趕回瀋陽，指出大局已經進入了一個關鍵時刻，成就大業在此時，大清的對手現在只剩下了李自成的大順軍，當與他們一決勝負，清軍入關奪權，千載難逢！大順軍逼死崇禎，掠民資，焚廬舍，民必恨；清軍趁此機會入關「安百姓」，為民伐罪，必勝無疑。

崇禎皇帝死前，宋權只當了三天順天巡撫，李自成進京，宋權投降李自成，並被任命為順天節度使。李自成走後，多爾袞入京，宋權說：「我是明朝的大臣，大明亡了我無所歸屬，誰能為大明報仇，誰就是我的主子。」在他骨子裡，逼死崇禎帝的大順軍才是敵人。清軍占領北京城，宋權說：「對於崇禎故主之仇已報，我的事情完畢了，也該歸田啦！」結果未被允許。

范文程是清朝聲名卓著的開國宰輔、文臣領袖，明朝兵部尚書范璁的曾孫，北宋名臣范仲淹的嫡親後裔。他曾計殺袁崇煥，招降洪承疇，招撫吳三桂，為清開創江山立下了不朽之功。他對清的功績可與漢之張良、明之劉伯溫相提並論。康熙帝曾盛讚曰：「文程之策，可抵百萬雄兵！」但范文程畢竟做了貳臣，於大節有虧，一直為人詬病。范文程自稱是「大明骨，大清肉」，表明自己也為此承受煎熬。

努爾哈赤極為器重范文程，曾對身邊的各親王貝勒們說：「這個人是名臣之後，一定要好好用他。」皇太極每有軍政大事，議事之先，都必與范文程商議，他才最後做出決定。別的大臣有本啟奏，皇太極總是先問一句：「范章京知否？」「何不與范章京先議？」大臣們說：「范章京已知。」皇太極才准奏。即使范文程生病，皇太極也要等他病好才裁決。

明朝薊遼總督洪承疇在松錦決戰中被俘後，大罵不降。皇太極派范文程去勸降，范文程一邊好言相勸，談古論今，一邊察言觀色，恰好獄中房梁上有積塵掉到洪承疇身上，洪承疇幾次將灰塵拂去。范文程回去報告皇太極說：「洪承疇是不會死的，他連自己的衣服都這般愛惜，更何況自己的生命呢。」皇太極於是親自到三關廟見洪承疇，將貂皮大衣披在洪承疇身上，洪承疇嘆說：「真命世之主也！」於是跪地稱臣。

西元一六四五年，清軍逼近江陰城。江陰義軍在閻應元、陳明遇等人的帶領下抗清八十一日，最後城破，不少人仍拚死巷戰，「竟無一人降者」。全城十萬人或戰死，或遭屠殺，僅五十三人倖免於難。後世傳紀對江陰的評價：「有明之季，士林無羞惡之心。居高官、享重名者，以蒙面乞降為得意；而封疆大帥，無不反戈內向。獨閻、陳二典史乃於一城見義。向使守京口如是，則江南不至拱手獻人矣。」

明朝公知、士林領袖錢謙益降清後，將官服重新改造，做了一件無領而有闊袖的衣服，兼有明代漢服寬領大袖和清代易服為窄領小袖的特點。一位學人注意這件衣服的特別之處，問錢這套衣服是哪朝風格。錢謙益答：「去領，今朝法服；闊袖者，吾習於先朝久，聊以為便耳。」那位學人諷刺道：「公真可謂兩朝領袖矣。」乾隆也罵其「進退無據，非復人類」，將他列入〈貳臣傳〉。

多爾袞入關後，對前朝的官員百姓們說：「流賊李自成原係故明百姓，糾集醜類，逼陷京城，弒主暴屍，刮取諸王、公主、駙馬、官民財貨。酷刑肆虐，誠天下人共憤，法不容誅者。我雖敵國，濃用憫傷，今令官民人等，為崇禎帝服喪三日，以展輿情。著禮部、太常寺備帝禮具葬。除服後，官民俱著遵制剃髮。」

清軍入關後，依照范文程「吏來歸，復其位；民來歸，復其業。師行以律，必不汝害」的建議，清政府釋出安民令：「前明官員不論你是閹黨還是東林黨，也不論你是否投靠過李自成，只要你願意為我大清效命，一律既往不咎、官復原職。主動歸順的官員一律晉升一級，對明王朝的藩王和王室宗親們也一律恩養。一位歸順的官員柳寅東對此持不同意見，多爾袞答：「經綸方始，治理需人，凡歸順官員，既經推用，不必苛求。」

孝莊與多爾袞的關係，民間有很多傳說，「孝莊皇太后下嫁攝政王、群臣上賀表」一事也被傳得沸沸揚揚。《清代外史》上記載，滿洲群臣以順治的名義釋出詔書，說：「皇太后盛年寡居，春花秋日，悄然不怡。使聖母以喪偶之故，日在愁煩抑鬱之中，其何教天下之孝？皇叔攝政王現方鰥居，其身分容貌，皆為中國第一人。太后頗願紆尊下嫁，朕仰體慈懷，敬謹遵行。」

據說，福臨的母親莊妃即後來的孝莊皇太后懷上他的時候，經常有紅光圍繞在身上衣裙間，像是有龍在盤旋。福臨誕生的前夕，孝莊文皇后夢見一位神人抱著一個男孩交給自己，說：「這是統一天下之主也。」孩子生下來後，紅光照耀宮闈，香氣瀰漫，經久不散。孝莊皇太后一覺醒來告訴皇太極，皇太極很高興，說：「這麼奇異，這是子孫大慶之兆哇。」

清軍入關、滿清入主中原，多爾袞在其中貢獻最大。順治帝對他的稱呼從「叔父攝政王」到「皇叔父攝政王」最後演變成「皇父攝政王」。據說皇太極去世後，手下有人勸多爾袞以弟繼兄，自己做皇帝，多爾袞也曾心動，並找來朝服換上，但對著鏡子看了半天，怎麼看，都覺得自己不是皇帝的相，便還是擁立順治為帝，並首先下拜，這樣其他人就沒話說了。

順治很小的時候對佛學就很有興趣。董鄂妃去世後，順治萬念俱灰，決心遁入空門，由茆溪行森剃度成了光頭天子。孝莊太后大驚失色，火速命人把行森的師父玉林請到北京。玉林趕到北京後，命人將徒弟行森捆綁起來，叫人架起柴堆，要燒死行森，並對順治說：「要是皇上不放棄出家的念頭，我今天只好燒死這個忤逆的徒弟了！」順治無奈，只好決定蓄髮留俗，不再出家。

清初，南方有個姓任的主事官，最喜歡抨擊時弊，得罪了不少人。一次，一個姓管的御史官到地方來查察，地方紳士豪門趁機對任主事官惡意攻擊，管御史聽信一面之詞，對任主事官嚴加訓斥：聽說你喜歡對對聯，我出個上聯你來對！上聯：說人之說被說人之人說，人人之說，不如不說。任主事針鋒相對地對出了下聯：管官之官受管官之官管，官官受管，何必多管。管御史瞠目結舌，拂袖而去。

據清人筆記《十葉野聞》上說，順治帝在董鄂妃死後，心情憂鬱。有一天順治獨坐便殿，偶然看見梧桐葉從樹上飄落，突然有所領悟，對左右的人說：「人生在世，不過數十寒暑，追逐名利，何時可已。我雖然貴為天子，開國承家業也有十八年，長此營營，何時方得滿意。我覺得這世事啊，有如浮雲過眼，事後追維，味同嚼蠟，不如真修悟道，實為無上上乘。我小時候就有此念頭，如今飽經世患，勘破情網，現在還不解脫，更待可時。」

順治為給太子玄燁找個師傅，在文華殿擺下了御宴。席間，順治問群臣：「朕有一事不明，人言耳大有福，朕是君，爾等是臣，為何反而朕的耳朵小，眾愛卿的耳朵卻大呢？」翰林庶吉士鄭天經答道：「萬歲是龍，所以耳朵小；臣等是象，所以耳朵大。」順治：「愛卿的回答是杜撰的呢，還是書籍上記載的呢？」鄭天經：「臣豈敢杜撰！這是寫在《百藏經》第十三篇上的文字。」順治命人取來經書，果然如此，於是破格任鄭天經為太子太傅。

順治在遺詔中廢除了諸王貝勒大臣推舉後繼皇帝的制度，並將諸王貝勒輔政改為由八旗重臣輔政。遺詔釋出後，首席輔政大臣索尼立即帶領其他三位輔政大臣，跪拜在諸王貝勒面前說：「國家大事，從來都是只有皇室宗親才能協助處理，我們只是些異姓臣子，哪裡能夠擔得起？還是請諸王貝勒爺一起分擔的好。」諸王貝勒答：「詔旨說得明明白白，誰敢干預？」言辭中妒意畫露。

康熙幼年登基，鰲拜輔政，飛揚跋扈，常常當面頂撞小皇帝。有次鰲拜託病不上朝，康熙去探望他。侍衛們見鰲拜臉色不對，便上前揭開床上的席子，果然看見席下放著一把刀。康熙的侍衛搜出這把刀，局面很是尷尬而緊張。小皇帝卻從容鎮靜，笑著說：「刀不離身是滿洲故俗，不要大驚小怪！」鰲拜的囂張跋扈，小皇帝的機智應變，可見一斑。

康熙為剷除鰲拜集團，挑選一批身強力壯的親貴子弟，整日在宮內以摔跤為戲。鰲拜見皇帝沉迷嬉樂，心中暗自高興。康熙八年，康熙先將鰲拜親信派往各地，以自己的親信掌握了京師的衛戍權，然後召鰲拜入宮覲見。此前，康熙召集身邊的少年侍衛說：「你們都是我的股肱親舊，你們怕我，還是怕鰲拜？」答：「怕皇帝。」康熙於是布置逮捕鰲拜事宜。等到鰲拜入宮，康熙一聲令下，少年侍衛一擁而上，鰲拜猝不及防，被摔倒在地，束手就擒。

法國人白晉（Joachim Bouvet）《康熙大帝》中記載：「康熙威武雄壯，身材勻稱而比普通人略高，五官端正，兩眼比他本民族的一般人大而有神，鼻尖稍圓，略帶鷹鉤狀，雖然臉上有天花留下的痕跡，但並不影響他英俊的外表。」

康熙六十一年（西元一七二二年），康熙一行人前往南苑行獵。因為身體不舒服，康熙於十一月初七從南苑回到暢春園。次日身體不適，康熙傳旨說：「偶感風寒。本日即透汗。自初十至十五日靜養齋戒，一應奏章，不必啟奏」。等回到暢春園後，康熙病情加重，他在諭旨中說「本日即透汗」。到了十三日的凌晨，康熙的病情急轉直下，急詔在京城裡的阿哥們，當晚康熙便告駕崩。

康熙八歲登基，九歲喪母，在祖母孝莊太后的扶持下，才穩固了皇位，打敗了鰲拜，十四歲親政，十六歲就除掉了結黨營私、欺凌幼主的輔政大臣鰲拜。削弱了八旗旗主的權勢，二十歲即迎戰以吳三桂為首的三藩，經過八年奮戰，一舉平定了戰亂，維護了統一。康熙在位六十一年，享年六十九歲，是中國歷史上有文字記載以來，在位時間最長的一位君主。

雍正皇帝胤禛在即位後，視八弟胤禩及其黨羽為眼中釘、肉中刺。一方面下令革去他們的「黃帶子」，「削籍離宗」；另一方面命令他們「更改舊名」。胤禩無可奈何，只得將自己改名為「阿其那」，兒子弘旺被改名為「菩薩保」，隨後又強迫胤禟改名為「塞思黑」。「阿其那」在滿語裡意思是指畜類、狗之類的東西；「塞思黑」也是滿語，意為「可惡的、刺傷人的野豬」，總歸不是什麼好名字。

梁啟超說：「康熙在位時對西方科技很感興趣並且還掌握了很多，但他卻嚴禁自己之外的人學習，因為他擔心先進的西方科技一旦傳開，將會極大的動搖以騎射起家的滿清的統治，據傳教士張誠的日記，康熙不准傳教士在有漢人和蒙人的衙門裡翻譯任何科學文獻。而此舉也一定程度上造成了以漢族為代表的中華文明的衰落。康熙的科學是用來打擊他人的一個工具，就算他不是有心窒塞民智，也不能不算他失策。」

康熙十四年，康熙冊立方滿週歲的皇二子、嫡長子胤礽為皇太子。為了太子的健康成長，康熙給予他無微不至的關照，太子使用的各種物資器具也都是最好的，這讓一些大臣從胤礽身上看到了潛在價值。他們紛紛依附胤礽，「太子黨」由此形成，其核心人物就是國舅索額圖。太子胤礽也愈發跋扈起來，甚至揚言：「古今天下，豈有四十年太子乎？」

康熙四十七年，康熙帶七歲的十八阿哥胤祄去關外狩獵。由於氣候多變，胤祄在途中生病，不久夭折。康熙悲痛欲絕，而太子胤礽還悠然地享受生活。康熙看不過去，把胤礽叫過來痛罵：「你這個當哥哥的，怎麼一點關愛之心都沒有？」胤礽反駁：「這關我什麼事情。」康熙氣得火冒三丈，在屋子裡找兵器，揚言要劈了這個逆子，加之大哥胤禔進讒言，導致太子胤礽第一次被廢。

清初，蘇松兩府富甲天下，在那裡做官的多因挪用庫金而進獄。湯斌出任江蘇巡撫時與屬官先打招呼：「你們挪用庫金討好上司，無非是為了做官嘛，現今為拖欠所牽累，那還有什麼希望呢！我願和你們相約，日後能夠稱職，我自然會提拔你們；要是做不到，以考成後順利歸家，太太平平地回鄉，也不很好嘛！」湯斌言出必行，蘇州大治。

第二章··康乾之治

湯若望是明末清初德國傳教士，精通天文曆算，先後在明朝和清朝的欽天監任職。順治對湯若望極為恩寵，親切地稱湯若望為「瑪法」（意為可親可敬的尊者）。順治還多次親臨湯若望的居住地與之暢談，求教西方的曆法，兩年內親自登門造訪了二十四次。康熙登基後，湯若望遭人陷害入獄，陪護他的南懷仁根據西洋曆法準確預測了一次日食，卻反被判凌遲。判決當天，京城發生地震，在孝莊的干涉下，湯若望被無罪釋放。

二阿哥胤礽一歲時就被康熙確立了他的儲君之位。戲劇和小說經常將這位太子肆意貶低與抹黑，將其塑造成一副懦弱無能的鼠輩形象，而事實上，胤礽是諸子中非常有能力的一位皇子，他是康熙一手帶大和培養起來的繼承人，文武雙全。康熙自己也說太子辦事「甚周密而詳盡，凡事皆欲明悉之意，正與朕心相同，朕不勝喜悅。且汝居京師，辦理政務，如泰山之固，故朕在邊外，心意舒暢，事無煩擾，多日優閒，冀此豈易得乎？」

皇太子胤礽兩度被廢黜儲位，絕不是因為他「軟弱無能」，相反，胤礽天資聰穎，經常在文武百官面前講解儒家經典；而且嫻於騎射。不過在康熙的驕縱與溺愛下，胤礽周圍形成一群阿諛奉承之人，與幾位兄弟關係極差，逐漸養成了不可一世、蠻橫無禮的性格。第二次廢黜後，康熙將其終生圈禁並昭告天下，說不再立他，也不許任何人再舉薦他為太子。

八阿哥胤禩「樂善好施」，人稱「八賢王」。因其出身低微，小的時候經常受到兄弟們的嘲笑。然而胤禩並沒有放任自流，而是努力上進，憑藉其天資聰穎，德才兼備，終於贏得了大家的認可，十七歲便被封為貝勒。康熙帝之兄裕親王福全也曾稱讚胤禩聰明能幹，品行端正，宜為儲君。

康熙生平最痛恨結黨營私。以八阿哥胤禩「八爺黨」是儲君爭奪戰中勢力最強的一支，其中包括九阿哥胤禟、十阿哥胤䄉、十四阿哥胤禵以及侍衛鄂倫岱、內大臣阿靈阿等人。康熙眼見胤禩在朝中勢力越來越大，心中大為不滿。曾說：「二阿哥悖逆，屢失人心；胤禩則屢結人心，此人之險，百倍於二阿哥也。」有一次，康熙問朝中百官，這個儲君之位誰來當最好，他便立誰。百官大部都舉薦了八阿哥，這引起康熙的極度不滿，多次藉機打擊「八爺黨」。

胤禩有一次挑了兩隻海東青送給康熙，不料到時卻奄奄一息。康熙大怒，責胤禩「係辛者庫賤婦所生，自幼心高陰險。聽相面人張明德之言，遂大背臣道，覓人謀殺二阿哥，舉國皆知。伊殺害二阿哥，未必念及朕躬也。朕前患病，諸大臣保奏八阿哥，朕甚無奈，將不可冊立之胤礽放出，數載之內，極其鬱悶。胤禩仍望遂其初念，與亂臣賊子結成黨羽，密行險奸，謂朕年已老邁，歲月無多，及至不諱，伊曾為人所保，誰敢爭執？遂自謂可保無虞矣。」爾後，康熙說出了更絕情的話：「自此朕與胤禩，父子之恩絕矣。」

康熙對老八胤禩十分厭惡。胤禩染患傷寒，病勢日益加重，康熙只批了「勉力醫治」四字。康熙從塞外回來時，回駐暢春園的前一日，全不顧胤禩已近垂危，將其由鄰近暢春園的別墅移至城內家中。九阿哥胤禟堅決反對，說：「八阿哥今如此病重，若移往家，萬一不測，誰即承當。」康熙冷冷地說道：「八阿哥病極其沉重，不省人事，若欲移回，斷不可推諉朕躬令其回家。」

湯斌任巡撫時，正逢蘇北大水災，成千上萬的災民湧進蘇州城，人群熙熙攘攘，導致街道擁擠不堪。康熙車駕來到蘇州，發現街道狹窄，叫來地方官員問話。湯斌向皇帝面奏說：「聖明天子是最關懷、體貼民間疾苦的，所以才要南巡。如果僅為了一時通行而擴充街道，令民眾沒有住處，這可不是當今皇上的本意啊！」又說：「我領會皇上愛民之心，體民之情，所以就不拆民居。」康熙聞言稱善。

南昌某人，一天偶爾經過京城延壽寺街，看見有人用幾枚錢買了一本《呂氏春秋》，恰巧有一枚錢落在地上。某人暗中用腳踏住，待其走後撿起，這一幕恰巧被後面的一位老翁看到。老翁問了某人的姓氏大名後，冷笑一聲離去。幾年後，此人升遷去巡撫衙門請求謁見上司湯斌。結果「十謁不得見」。再三問之，衙役答：「你不記得從前書鋪中的事了嗎？當秀才時尚且愛一錢如命，今天僥倖當上地方官，能不貪汙嗎？」原來那老翁即是湯斌。

康熙皇帝南巡到達江蘇，令總督和巡撫舉薦賢能的官員。看到在名單中沒有聞名朝野的張伯行，康熙申斥道：「朕聽說張伯行居官清廉，是個難得的國家棟梁之才，你們卻不舉薦！」說完又轉向張伯行：「朕很了解你，他們不舉薦你，朕舉薦你。將來你要居官而善，做出些政績來，天下人就會知道朕是明君，善識英才；如果貪贓枉法，天下人便會笑朕不識善惡。」當場破格升張伯行為福建巡撫。

康熙五十一年，江蘇省鄉試，兩江總督噶禮考場舞弊，以白銀五十萬兩徇私賄買舉人，張伯行疏參噶禮。噶禮倒參張伯行「七大罪狀」，兩人鬧到了公堂上。康熙將此案先後交由尚書張鵬翮等人審理。張鵬翮袒護噶禮，奏稱事屬全虛。噶禮母親向康熙帝直言噶禮貪狀，並為張伯行伸冤，康熙對老婦人大義滅親的舉動很滿意，嘉獎說：「其母尚恥其行，其罪不容誅矣！」將噶禮革職。康熙稱張伯行為「江南第一清官」。

于成龍一生勤政廉潔，所到之處，皆有政績。尤難得的是他生活極為儉樸，「屑糠雜米為粥，與同僕共吃」，「日食粗一盂，粥糜一匙，侑以青菜，終年不知肉味」，人稱「于青菜」。于成龍逝世後，木箱中只有一套官服，別無餘物。「士民男女無少長，皆巷哭罷市。持香楮至者日數萬人。下至萊庸負販，色目、番僧也伏地哭。」康熙感嘆道：「居官如于成龍者有幾？」，稱其為「天下廉吏第一」。

于成龍在富庶的江浙地區任兩江總督時，遭到當時很多官僚的忌恨和陷害，而康熙皇帝明白這層道理，很高明地予以應對。內閣學士錫住說于成龍晚年「非常清廉，但因為年老糊塗，常常被屬下矇蔽。」康熙回答說：「以前有很多人說于成龍到江南後，改變了清廉的品行。可等他死後，大家才發現他始終都是清廉的，被百姓稱讚。這都是因為他性情耿直，得罪的人多，大家陷害他才這麼說的。當官像于成龍一樣的人，能有幾個呀？」

雍正皇帝批示奏摺時十分認真，他在某都督的密奏上批：「我沒當皇帝時，就知道你的德性，你以為朕是瞎子嗎（朕未踐祚，即諗知汝，汝謂朕為盲耶）？」還曾在某巡撫的奏摺上批：「好好做，朕雖沒見過你，但你的政績朕都很了解，不要說我的耳朵不管用（善治本省，朕雖未悉汝面，然汝之政績朕皆諗悉，莫謂朕無耳也）。」

雍正有一次微服出行，碰到一個書生在賣字，雍正讓他寫了一副對聯。其中有個「秋」字，書生將「火」字旁寫在了左邊。雍正說是不是寫錯了？書生說沒錯，拿出一本名帖讓雍正比對。雍正問：「你既然如此博學，為何不去博取個功名呢？幹嘛要在這賣字為生？」書生答：「嘗舉孝廉，但家貧，連老婆孩子都養不活，只能靠賣字為生，哪敢想什麼大富大貴呢！」雍正慷慨解囊：「我有錢，可以資助你博取個功名，到時候別忘了我就行。」書生萬分感謝，後來參加科舉考試，真就考取功名，入了翰林。

雍正在位時，有次宮裡邀請了個戲班子，想在宮中搭臺唱戲，有個御史認為此舉有失體統，力諫其事，一連上了三次奏摺，最後雍正不耐煩了，在奏摺上批道：「你想沽名釣譽，有這三個摺子就夠了，如果再敢囉嗦，要你的小命（爾欲沽名，三摺足矣。若再瑣瀆，必殺爾）。」

雍正繼位後，年羹堯備受寵信，爵封一等公，又因妹妹是雍正的妃子，開始居功自傲。雍正三年二月，出現「日月合璧，五星聯珠」的天文奇觀，臣僚上表稱賀，年羹堯也進表，不想卻將成語「朝乾夕惕」寫成了「夕惕朝乾」。此語意為讚美雍正帝勤於政務，終日勤慎，就是寫倒了意思也不變。雍正卻以此為藉口興起大獄。他指責「年羹堯非粗心辦事之人」，令官員檢舉年羹堯罪狀，最後刑部定了九十二條大罪，凌遲處死。雍正故作仁慈，讓他自裁了事。

清朝雍正皇帝是個很有個性的皇帝，他批閱奏摺時，常常妙語連珠，且從不用套話，讀來讓人忍俊不禁。他在批田文鏡摺中寫道：「朕就是這樣漢子！就是這樣秉性！就是這樣皇帝！爾等大臣若不負朕，朕再不負爾等也。勉之！」批石文焯摺：「喜也憑你，笑也任你，氣也隨你，愧也由你，感也在你，惱也從你，朕從來不會心口相異。」批蔡廷摺：「李枝英竟不是個人，大笑話！真笑話！有面傳口諭，朕笑得了不得，真武夫矣。」

乾隆年間，有個廣東人書生謝啟祚，十八歲時參加第一次鄉試，直至九十八歲才中舉。放榜次日，朝廷設「鹿鳴宴」，宴請新科舉人和內外簾官等，謝啟祚與十二歲的中舉童子同席，少年得志者與大器晚成者成了同榜年誼。前去祝賀的巡撫大人見此情景，當場詩興大發，揮毫題詩兩句：「老人南極天邊見，童子春風座上來。」傳為一時趣聞。

康熙三十六年，李蟠在太和殿參加殿試，因天氣寒冷，還要站著寫文章，李蟠哆囉哆嗦地寫了半天，到交考卷時還沒寫完。他央求旁邊負責監督他的兵丁讓他答完，直到深夜四更時交卷，考完一口氣吃了三十六個餑餑（饅頭）。康熙見文采不錯，點他做狀元。同榜探花姜宸英做詩調侃他：「望重彭城郡，名高進士科。儀容好絳勃，刀筆似蕭何。木下還生子，蟲邊還出番。一般難學處，三十六餑餑」。

乾隆二十六年（西元一七六一年），北京城舉行殿試，結束後考官們報上來十份試卷，趙翼會試第一，參加殿試也為第一，但同時有個陝西人王傑為第三，請皇帝點狀元。乾隆問清情況後，為照顧地區平衡，說：「江南已經出了很多的狀元了，陝西還一個也沒有呢，就讓王傑作狀元吧。」於是本來第一名的趙翼被點為第三。

李衛是雍正皇帝的包衣奴才，與鄂爾泰，田文鏡並稱為「三大模範」。李衛身體魁梧，身高六尺二寸（相當於今天兩百公分左右），臉大如盆，鼻孔中通，自幼喜好習武，膀大腰圓，臂力過人。每次捕盜之時，李衛都要身披金甲，親自登臺指揮。李衛還向雍正主動請纓，要到西北戰場衝鋒陷陣，雍正批示說，這些事還輪不到你。尹繼善曾說：「李衛，臣學其勇，不學其粗；田文鏡，臣學其勤，不學其刻；鄂爾泰，宜學處多，然臣亦不學其愎。」

田文鏡看到李衛受寵，很是妒忌，偷偷跑到雍正帝面前說李衛的壞話，結果雍正不為所動，田文鏡轉而巴結李衛。一次，李衛的母親去世，田文鏡專門派人前去弔唁，並送上一份厚禮。李衛得知後，大罵道：「我老母雖死，但我也不飲小人一勺水也。」隨後命人將田文鏡的使者擋於大門之外，並將田文鏡送來的東西丟進了豬圈，表明自己不齒與此人結交。

李衛有一次讓幕僚田芳給皇上寫奏摺，請皇上封他家五代。田芳不願寫，說從來只有封三代的，沒聽說過封五代的。李衛說讓你寫你就寫，田芳偏說不。李衛大怒，罵道：「你這狗娘養的，我要你寫你就寫。」田芳也站起來說：我好心勸你，你倒罵我。可惜大人之威，能強加到小人的身上，但小吏之理，還是直於大人，說完扭頭就走。李衛心中懊悔，當天晚上又把他叫來，幫他買了個縣丞。

李衛任事勇敢，深得雍正信任。有一次，朝廷讓他去外地出差，不巧李衛此時正患痔瘡，便想向皇帝訴說苦楚，推掉這個差事。但幕僚沉吟許久不能下筆，主要是覺得這痔字不夠莊重，沒法對皇上說。李衛提示說：「何不云坐處不安耶？」幕僚們聽到這話，欣然折服。

雍正上臺後發現各省錢糧虧欠甚多，下詔清查，各省官員十分恐慌。時任浙江總督的李衛召集幕僚商議對策，主動上奏朝廷請求自己協同辦理，隨後以過生日為名召集地方官員，商定對策。戶部尚書彭維新到浙江後，李衛和彭維新商議分開查，並拿出寫有浙江各州縣的紙團，二人各拿一半。由於之前做了標記，李衛把虧欠的州縣都自己拿了。彭維新查的州縣問題不大，上報雍正。雍正大喜，對李衛讚賞有加。

朱方旦是個名醫，自稱「二眉道人」。他的主要著作有《中補說》和《中質祕錄》，在書中，朱方旦第一次提出了腦是人的思考器官，「腦」才是思維中樞，而不是「心」。他寫道：「古號為聖賢者，安知中道?中道在我山根之上，兩眉之間。」所謂「中道」，就是現在我們所說的意識。此說一出，儒生、官吏們，輿論一片譁然，大臣們紛紛攻擊朱方旦，康熙於是下詔將朱方旦處死，其著作盡行焚毀。

戴名世對清廷隨意竄改明朝歷史甚感憤慨，在參考了同鄉方孝標的《黔貴記事》

後，他決心寫部明史。學生龍雲鄂將老師寫的文章選出百餘篇，編了本《南山集》。書印出十年後被人告發，因書中用南明年號，戴名世因此被康熙處決於菜市口法場，史稱「南山案」。雍正對此事發表評論：「雖皆非臣子之所宜言，實無悖逆之語，當時刑部復旨，亦未謂此外更有違礙之詞，故亦以為冤。」

康熙暮年，牙齒盡脫。有一天，他同皇后帶了嬪妃們在御池釣魚取樂。偶然舉桿，釣起一隻甲魚，旋又脫鉤掉下。一妃子說：「王八逃走了！」皇后在旁邊說：「看光景是沒有門牙了，銜不住鉤子。」那妃子斜視康熙笑而不止。言者無意，康熙很生氣，他明白皇后是說漏了嘴，至於那妃子卻是故意取笑，遂貶她不得在身邊侍奉。

康熙南下江南，到了靈隱寺。老和尚早聽說過康熙皇帝喜歡吟詩題字，請求替山寺題塊匾額。康熙趁著酒意，抓起筆刷刷幾下，就寫起一個歪歪斜斜的「雨」字，占了大半張紙，其他字就寫不下了。正在尷尬之時，大學士高江村在自己手掌心寫了「雲林」兩個字，再裝作磨墨，挨近康熙皇帝身邊，偷偷地攤開手掌。康熙一見大喜，寫下「雲林禪寺」，做成匾額後掛到山門上。不過老百姓並不買帳，仍稱它「靈隱寺」。

翰林院庶吉士徐駿，是康熙朝刑部尚書徐乾學之子，也是顧炎武之甥孫。雍正八年

（一九三〇年），徐駿在奏章裡將「陛下」的「陛」字錯寫成「狴」字，雍正將其革職。後來，又有人揭發他的詩集中有「清風不識字，何故亂翻書」、「明月有情還顧我，清風無意不留人」等句，雍正認為這是存心誹謗，照大不敬律斬立決。

戴鐸是雍正在府邸時期的一個重要策士。康熙年間，他給雍正寫了封長信，獻上了他的「爭儲」祕策：「孝以事之，誠以格之，和以結之，忍以容之，而父子兄弟之間，無不相得者」。觀雍正在得大位之前的低調表現，可見其正是奉行著這一法則，民間甚至有「沒有戴鐸就沒有雍正」的說法。然而，當雍正繼承大統後，卻指斥戴鐸舉止一貫狂妄荒謬，拉幫結派，最後將其處死。

康熙五十七年，康熙身邊的紅人、大學士李光地告病假回福建調養。在一次與閩中官員的閒聊中，李光地信口說了一句：「目下諸王，八王最賢！」戴鐸聽了不以為然，竟大聲說：「八王柔懦無為，不及四王聰明天縱，才德兼全，恩威並濟，大有作為！」立即修書回報四爺。胤禛閱信後差點氣暈過去，回信大罵：「你在外身居小任，怎敢如此大膽。你之生死輕如鴻毛，我之名節關乎千古！」

雍正四年，翰林院編修查嗣庭任江西鄉試正考官，他以「維民所止」為題，此句出自《詩經．商頌．玄鳥》：「邦畿千里，維民所止。」大意是說，國家廣闊土地，都是百姓所棲息、居住的，有愛民之意。不料卻被舉發「維止」二字，意在取「雍正」二字去其首。雍正大怒，下令將查嗣庭全家逮捕嚴辦。查嗣庭在獄中受到殘酷折磨，含冤死於獄中。儘管如此，他的屍身卻難得安寧，仍被戮屍梟示。

明亡後，學者呂留良跑到寺院裡當了和尚，寫了不少反對清朝統治的書。湖南人曾靜，偶然見到呂的文章，非常佩服，派學生張熙到呂留良老家尋找遺稿。張熙到浙江，不僅找到了遺稿，還找到呂留良的兩個學生，於是四個人就密謀起反清，並寫信聯繫擔任陝甘總督的漢族大臣岳鍾琪，不料被其出賣，上報雍正。雍正立刻下命令把曾靜、張熙解送到北京，嚴刑審問。呂留良開棺戮屍，梟首示眾，兩個學生也被滿門抄斬。

金庸在他的武俠小說《書劍恩仇錄》中這樣寫乾隆的身世：雍親王和陳閣老兩家夫人同年同月同日分別生了孩子，雍親王讓陳家把孩子抱入王府看看。等孩子被送出來時，兒子變成了女兒。陳家只得忍氣吞聲，因此，乾隆是陳家洛的長兄。而事實上，這些說法全是捕風捉影。陳閣老（陳世倌）曾在乾隆六年擔任內閣大學士，但不久因起草諭旨出錯被革職。當時乾隆罵他：「少才無能，實不稱職」。

傳說雍正還是親王時，一年秋天在熱河打獵，射倒一隻梅花鹿，雍正當即讓人把鹿宰殺，大口喝起鹿血來。鹿血有很強的壯陽功能，雍正喝後難以自持，就隨便拉住山莊內一位很醜的李姓漢族宮女發洩一番，李家女子因此懷孕。康熙得知後大怒，眼見那位宮女馬上就要生了，怕壞了皇家名聲，忙派人把她帶到草棚。李家女子在草房裡生下的就是乾隆。

雍正有一次看了齣戲《繡襦記．打子》，演的是擔任常州刺史的鄭父，看到兒子因迷戀娼家最後流落街頭，靠為人唱輓歌度日，一怒之下痛打兒子的情節。雍正對這部戲很滿意，把扮演鄭父的小太監叫到身邊賞飯，在吃飯的時候，小太監順口問了一句，現在的常州刺史是誰？雍正勃然大怒，說：「你這優伶賤輩，怎麼敢問國家的官守？其風不可長！」當場下令將小太監杖斃廊下。

紀曉嵐名紀昀，字曉嵐，清雍正二年出生於河間府獻縣崔爾莊。當地有首民謠：「上有天堂，下有蘇杭，數了北京數崔爾莊。」父親紀容舒是著名的考據學家，做過京官。紀昀自幼聰穎過人，有「神童」之稱。據傳，紀曉嵐幼時能於夜中見物，直到成年後，還偶爾擁有這種「神目」。紀曉嵐具有幽默風趣的真性情，清人牛應之說：「紀文達公昀，喜詼諧，朝士多遭侮弄。」

乾隆三十三年，紀曉嵐的兒女親家、兩淮鹽政盧見曾因貪汙而將被查處。紀曉嵐得到消息後，想通知盧家又怕引火燒身，最後想出了一個辦法。他把一點食鹽和茶葉封在一個空信封裡，未寫一字送往盧家。盧見曾苦苦思索，從中悟出紀曉嵐是在說「鹽案虧空查（茶）封」。但這點小把戲瞞不過負責查處此案的劉統勳。事情敗露後，紀曉嵐被發配新疆烏魯木齊。

紀曉嵐帶領編纂了清朝最具有想像力的「形象宣傳」——《四庫全書》，執學術牛耳，但並沒有多少著述。晚年「無復著書之志，唯時作雜記，聊以消閒」，《閱微草堂筆記》正是這一心境的產物。這是紀曉嵐多年沉浮宦海，懼怕文字惹禍的無奈之舉。影視作品中，紀曉嵐經常與和珅針鋒相對，顯示出浩然正氣，而歷史上的老紀在多年的官場沉浮中很世故，曾自撰輓聯：「浮沉宦海如鷗鳥，生死書叢似蠹魚。」

大才子紀曉嵐生性好色，性能力也極強。一日要臨幸女子數人、一日至少要行房五次，清晨、上午、中午、黃昏、睡前定各要一次。孫靜庵的《棲霞閣野乘》記載：紀曉嵐如一日不御女，則「膚欲裂，筋欲抽」。他在編輯《四庫全書》時，單身數日在內庭當值，數日未御女，竟然「兩睛暴赤，顴紅如火」。乾隆帝見而大驚，詢問他得了什麼病？紀曉嵐就實話實說，皇帝大笑，賜兩位宮女「伴宿」。

紀曉嵐本人對自己寫的這部《閱微草堂筆記》並不看好，他曾經寫詩這樣評價自己的《閱微草堂筆記》：「平生心力坐消磨，紙上雲煙過眼多。擬築書倉今老矣，只應說鬼似東坡。前因後果驗無差，瑣記搜羅鬼一車，傳語洛閩門弟子，稗官原不入儒家。」

紀曉嵐年少時與五六個同伴踢藤球，一不小心，踢中了路過的知府轎子。知府撿起藤球，紀曉嵐跑過去要，知府見其出眾，遂出對聯以試之：「童子六七人，唯汝狡。」紀曉嵐回答道：「太守二千石，獨公……要是你把球還我，就是『獨公廉』；要是不還，便是『獨公貪』了。」知府嘆其聰敏，於是把球還給了他。

有一年元宵，乾隆命翰林院每個翰林出一個燈謎，然後掛在紫禁城裡供皇帝、妃子們猜謎。時任翰林的紀曉嵐出了一副燈謎。上聯：黑不是，白不是，紅黃更不是，和狐狼狗貍彷彿，既非家畜，又非野獸；下聯：詩也有，詞也有，論語上也有，對東西南北模糊，雖是短品，也是妙文。結果乾隆猜了老半天也沒猜出來。把老紀叫過來一問，才得知其答案即是「猜謎二字，由此對紀曉嵐大加讚賞。

乾隆二十五年，乾隆皇帝五十壽辰，紀曉嵐寫了一副對聯：「四萬里皇圖，伊古以來，從無一朝一統四萬里；五十年聖壽，自前茲往，尚有九千九百五十年。」上聯指清朝統一全國後，西起葱嶺，東瀕大海，北至外興安嶺，南至南海，縱橫均為四萬里，其版圖之大，為歷史上所未有過的；下聯指五十大壽再加上九千九百五十歲，正好合為萬歲，暗祝乾隆萬壽無疆。乾隆大喜，將紀曉嵐擢為京察一等。

乾隆有一次遊西湖，隨口吟道：「一片一片又一片，三片四片五六片，七片八片九十片……」數夠十片之後，就數不下去了。乾隆覺得有些尷尬，幸好旁邊陪侍的著名學者沈德潛續上了最後一句：「飛入梅花都不見。」乾隆大喜。

乾隆一日在亭中賞雨，已而漸猛，溝澮皆盈，坡間小草漸為所沒。乾隆因戲製為謎語云：「大了，小了，小了，大了。大了就沒了。」令諸臣對之。諸臣無以應，隨後向內監詢問，始知其故。第二日以雨中小草為對者有二十餘人。乾隆大笑云：「錯了，錯了。」詔紀曉嵐：「你總該知道。」紀曉嵐奏道：「皇上所說的諒是小兒囟門。」乾隆稱善。

乾隆五十大慶時，在乾清宮舉行千叟宴，應邀赴宴的人達三千九百多人。當時推為上座的是一位最長壽的老人，據說已有一百四十一歲。乾隆便以此為題，與紀曉嵐對句。「花甲重逢，增加三七歲月。」紀曉嵐當即對出下聯：「古稀雙慶，更多一度春秋。」上聯的意思，兩個甲子年一百二十歲再加三七二十一，正好一百四十一歲；下聯是古稀雙慶，兩個七十，再加一，正好一百四十一歲，堪稱絕對。

乾隆皇帝南巡時，駐蹕金山寺，紀曉嵐也在一旁隨侍。乾隆想賣弄下文采，欲題一匾額，卻想不出好的點子。乾隆於是取筆偽為起稿於紙者，舉示紀曉嵐曰：「你瞧瞧行不行？」紀曉嵐曰：「好一個江天一覽！」乾隆大悅，即書付之。

紀曉嵐在翰林院與朋友聊天，乾隆微服出行來院，時值盛暑。紀曉嵐因赤裸著上身，怕皇上見了怪罪，遂匿複壁中，老半天不聞人語。紀曉嵐實在受不了，於是出來問道：「老頭子走了沒？」其實皇上當時還沒走，紀曉嵐大窘。乾隆很生氣，問：「你說我是老頭子，是什麼意思？」紀曉嵐跪下回道：「萬壽無疆之謂老，首出庶物之謂頭，昊天子之謂子。」帝乃稱善。

戴梓發明了連珠火銃，可二十八連發，但康熙卻拒絕用此武器裝備軍隊，他說：「自武靈（趙武靈王）以降，天下武備，無非騎射耳。無騎射，縱有銃炮萬數，又有何益？」「此物（連珠火銃）實壞心術而動搖本朝之根本。」又說：「治天下在仁義，與火器何干？火器誰也多不過吳三桂，可吳三桂照樣滅亡了，所以火器沒用。」

乾隆南巡，紀曉嵐跟隨乾隆南巡至白龍寺，適逢寺僧鳴鐘。莊嚴古剎，鐘聲悠然，乾隆詩興大發，揮筆寫下「白龍寺內撞金鐘」七個大字。紀曉嵐在旁邊看了這句毫無文采詩，忍不住掩嘴竊笑。乾隆大怒，罵道：「朕詩雖然不佳，你豈能當面大笑！」紀曉嵐故作驚恐道：「臣哪裡敢取笑皇上，只是曾經讀到古人詩裡有『黃鶴樓中吹玉笛』這麼一句，臣多年來苦不能對。今見皇上的這七字，恰好是天然對偶，就忍不住就喜而失笑了！」

乾隆對自己的江南巡遊頗為自豪，有一次他和紀曉嵐閒談起天子巡狩的事。老紀對此本就頗有微詞，歷數隋煬帝屢幸江都、明朝正德皇帝嬉戲南北等事勸乾隆。豈料乾隆立刻變色罵道：「你紀曉嵐不過是個書生，還敢妄談國事！朕不過覺得你文學尚優，這才讓你領修《四庫全書》，實際上不過是把你當倡優養著罷了，你跟我談什麼國事？」在皇帝的眼裡，文采蓋世的紀曉嵐不過一娼妓罷了。

紀曉嵐以年老為理由向乾隆請求辭職。乾隆不許，說：「修《四庫全書》的事情正多，你怎麼可以隨便離職？何況你比朕年輕多了，還在朕面前談老，明明就是詐欺。好好回去做好你的事情，別自己討不痛快。」隨後，乾隆又說：「朕明年還要下江南，且要把你一起帶去，讓你也看看民間的盛世氣象，長長見識，你務必要謹慎小心，仔細思量該如何講話，不要老是書生意氣，發些不著邊際的議論。」紀曉嵐只得唯唯叩頭而退。

第二年，乾隆又跟紀曉嵐說：「朕這次南下江南，本想帶你一起去，但想想修《四庫全書》的事，要是你不在的話恐怕會有所耽擱，這次你還是別去了。況且你現在讀書博洽，但還沒有到觀其會通的地步，多事閱歷亦無幫助，不如以後再說吧。你回去好好反省，現在你尚在修飾面目的時候，還沒有到粉墨登場之時。」紀曉嵐從此便絕口不提南巡之事。

張伯行剛成進士時，回家鄉南郊建造了一座精製的房屋，擺上了數千卷書以供縱情觀覽，看到《小學》、《近思錄》，以及程、朱的《語類》，感慨道：「進入聖人的門庭在這裡呀！」他曾全力找到宋代理學四大學派周敦頤、程顥、程頤、張載、朱熹各位大儒的書，一邊誦讀一邊抄錄，前後共七年。最初任官時曾說：「聖人們的學問，概括為一個『敬』字，所以學習沒有比掌握敬更重要的。」因此他自號為「敬庵」。

納蘭性德為當朝重臣明珠長子，家世顯赫，其詩詞在清代詞壇享有很高的聲譽。雖出身豪門，但他性格落拓無羈，「身在高門廣廈，常有山澤魚鳥之思」。時人云：「家家爭唱〈飲水詞〉，納蘭心事幾人知？」可見其詞的影響力之大。近代著名學者王國維就給其極高讚揚：「納蘭容若以自然之眼觀物，以自然之舌言情。此由初入中原未染漢人風氣，故能真切如此。北宋以來，一人而已。」

納蘭長於情，也深於情。他最有名的一首詩是〈木蘭花令．擬古決絕詞柬友〉：「人生若只如初見，何事秋風悲畫屏？等閒變卻故人心，卻道故人心易變，驪山語罷消宵半，夜雨零鈴終不怨，何如薄倖錦兒衣，比翼連理當日願。」顧貞觀評價說：容若天資超逸，悠然塵外，所為樂府小令，婉麗悽清，使讀者哀樂不知所主，如聽中宵梵唄，先淒惋而後喜悅。

張廷玉辦事能力極強。清史說：「凡有詔旨，則命廷玉入內，口授大意，或於御前伏地以書，或隔簾授幾，稿就即呈御覽，每日不下十數次」。西北用兵時，「遵奉密諭，籌劃經理，羽書四出，刻不容緩」。傍晚回家，仍然「燃雙燭以完本日未竟之事，並辦次日應辦之事，盛暑之夜亦必至二鼓始就寢，或從枕上思及某事某稿未妥，即披衣起，親自改正，於黎明時付書記繕錄以進」。雍正曾稱讚：「爾一日所辦，在他人十日所不能也。」

張廷玉，曾擔任《康熙字典》、《明史》、《清會典》的總編纂官，雍正皇帝的近臣「祕書」。雍正對他極為器重，「名曰君臣，情同契友」。乾隆即位後，張廷玉請求退休，摺子裡重提了先帝雍正之遺命，提醒乾隆，他死後「配享太廟」的事情，還請皇上不要忘了。乾隆略感不快，仍頒布手詔賜之。次日有風雪，張廷玉讓次子張若澄代為謝恩。乾隆因此大發雷霆，「降旨切責」。

張廷玉生了一段時間病，病好後進宮，雍正說：「我前兩天對近侍們說，我連日臂痛，你們知道嗎？他們驚問其故。我說，大學士張廷玉患病，此人如朕手臂，這不就是我臂痛嗎？」雍正末年，張廷玉回家省親，雍正皇帝寫信給他說：「朕即位十一年來，朝廷之上近親大臣中，只和你一天也沒有分離過。我和你義固君臣，情同密友。如今相隔月餘，未免每每思念。」

第三章・・盛世危機

著名理學家蔡新對清朝全盛背後潛伏著的嚴重社會危機有著清醒的認知，在一篇文章中列舉了清朝由盛轉衰的種種徵兆。蔡新說：「天下之亂也，不於其亂而生於極治之時。」「上恬下熙，漸忘其舊。君以聲色逸遊為無害民生，臣以持祿養交為安享暇豫。進諫者，謂之沽直；遠慮者，謂之狂愚。其上下之精神謀畫，莫不狃目前之安而圖一己之利。夫圖一己之利者，未有不貽天下之害者也；狃目前之安者，未有不來日後之悔者也。」

莊廷鑨本是浙江的一個富家少爺，因雙目失明，科舉夢破碎。一個偶然的機會，他勸父親買下了前朝重臣朱國楨編撰的一套《明史》未定稿，並聘請十八位名士一起修補潤色。不料書出版後，引起了因貪腐被削職查辦的李廷樞和吳之榮的注意。二人硬是從書中翻出了許多「犯忌」的內容，向官府告發。《明史》案立刻成為國字第一案，莊家全家被滅族，死去的莊廷鑨被挫骨揚灰，七十餘人以凌遲、大辟等野蠻的方式誅殺，一千二百多人受到牽連。

清代學者趙翼一生作詩五千多首，但下筆太快，粗而不細，不甚耐看。錢鍾書評其詩為「鋒芒太露，機調過快，如新狼毫寫女兒膚，脂車輪走凍石坡」。清代詩壇復古之風甚盛，趙翼寫了一首著名的詩來表達自己的觀點：「李杜詩篇萬古傳，至今已覺不新鮮。江山代有才人出，各領風騷數百年。」

方苞身陷文字獄。在獄中，方苞問：「京師有京兆獄，有五城御史司坊，為什麼刑部監獄關押的犯人如此之多？」一位在押的知縣告訴他，官員和小吏們關押的人越多，越有利可圖。與案件稍有牽連，就想辦法弄進來，戴上腳鐐手銬，讓他們痛苦不堪，然後勸他們找保人，得錢分贓。有錢的犯人出錢，就可以去掉腳鐐手銬，搬到監獄外的板屋。沒錢的犯人，戴上刑具關押，當作威懾警告其餘犯人。結果，罪輕的遭受枷鎖之苦，重犯反到住在外面。

乾隆二十年，乾隆密諭廣西巡撫衛哲治：「將胡中藻任廣西學政時所出試題及與人唱和詩文並一切惡跡，嚴行察出速奏。」之後，乾隆召集群臣，挑出「一把心腸論濁清」一句，說：「加『濁』字於國號『清』字之上，是何肺腑？」痛斥胡中藻「詆訕怨望」，「非人類中所應有」。大學士九卿翰詹科道奏稱：「胡中藻違天逆道，覆載不容，合依大逆，凌遲處死。」後胡中藻被處斬。

孫嘉淦以耿言直諫斐然政壇。坊間傳聞，一次，皇帝過壽，眾臣紛紛重禮上賀，唯獨孫嘉淦提青菜一桶，寓為「大清一統」。又有一次，皇帝某天突有所思，問詢諸臣：「天下共分幾種人？」大家眾說紛紜，孫嘉淦直言：「人之熙熙，皆為利來，人之攘攘，皆為名往。普天之下只有兩種人，一種為名，一種為利。」

陳廷敬任左都御史時，以清廉正直聞名。在官居吏部尚書時，陳廷敬曾嚴飭家人，有行為不端者、有送禮賄賂謀私者，不得放入。王躍文寫的《大清相國》中曾這樣讚揚他：「清官多酷，陳廷敬是清官，卻宅心仁厚；好官多庸，陳廷敬是好官，卻精明強幹；能官多專，陳廷敬是能官，卻從善如流；德官多儒，陳廷敬是德官，卻不乏鐵腕。」

鄭板橋六十歲時，寫了一副自壽聯。上聯是：「常如作客，何問康寧。但使囊有餘錢，甕有餘釀，釜有餘糧，取數頁賞心舊紙，放浪吟詠。興要闊，皮要頑，五官靈動勝千官，活到六旬猶少」；下聯是：「定欲成仙，空生煩惱。只令耳無俗聲，眼無俗物，胸無俗子，將幾枝隨意新花，縱橫穿插。睡得遲，起得早，一人清閒似兩日，算來百歲已多」。此聯活潑詼諧，恰似其人品之寫照。

鄭板橋是康熙秀才、雍正舉人、乾隆進士。他為政有幹才，作吏山東時，適逢山東大災荒，鄭板橋開倉賑貨，盡封積粟之家，毀借條，活民無算，終因救災而得罪了巨室，冤枉被參。板橋毅然辭官，在惜別濰縣紳民所畫的一幅竹子上題了一首詩：「烏紗擲去不為官，囊橐蕭蕭兩袖寒；寫取一枝清瘦竹，秋風江上作漁竿。」又為惜別僚屬，畫了一幅菊花，題詩：「進又無能退又難，宦途跼蹐不堪看；吾家頗有東籬菊，歸去秋風耐歲寒。」

鄭板橋辭官回家，唯攜黃狗一條，蘭花一盆。一夜，有小偷光顧。鄭板橋佯裝熟睡，翻身朝裡，低聲吟道：「細雨濛濛夜沉沉，梁上君子進我門。」小偷聞聲暗驚，又聞：「腹內詩書存千卷，床頭金銀無半文。」小偷轉身出門，又聽聞：「出門休驚黃尾犬。」小偷欲逾牆而出，又聞：「越牆莫損蘭花盆。」小偷一看，牆頭果有蘭花一盆，乃細心避開，足方著地，屋裡又傳出：「天寒不及披衣送，趁著月黑趕豪門。」

陳句山先生六十多歲，而頭髮鬍鬚卻都是黑的。一次，朋友裘文達開玩笑地說：「如果用年齡為標準來衡量，您的頭髮鬍鬚可說是抱冤受屈了！」陳句山問為何，裘文達回答道：「它們蒙受了不白之冤呀。」

大貪官和珅也有柔情的一面。他的結髮妻子是當時的宰相英廉的孫女，名叫馮霽雯。馮霽雯與和珅新婚的數年間，和珅還只是一名窮學生。兩人感情深厚，恩愛甚洽。馮霽雯去世後，和珅悲痛萬分，為馮霽雯寫下了六首的〈悼亡詩〉，其中一首如下：「修短各有期，生死同別離。揚此一抔土，泉址會相隨。今日我笑伊，他年誰送我？」字裡行間，瀰漫著一股「儂今葬花人笑痴，他年葬儂知是誰」的深深悵惘。

嘉慶帝親政後，為了遏止奢侈之風，「躬行儉德為天下先」，終止了乾隆帝勞民傷財的南方豪華的巡遊活動。一次，內務府官員打報告說，瀋陽夏園行宮已經很舊了，不如撥一筆款子維修一下吧，以備將來皇帝巡幸駐蹕時住得舒服一點。不料卻被嘉慶拒絕：如果行宮年久即修葺，「則將來踵事增華，凡蹕路經臨之處，勢必概增行殿，開奢靡之漸，忘勤儉之遺。勞民傷財，於風俗殊有關係。」

嘉慶時，有個男子叫邢大，皮膚白嫩，面容姣好，但家境貧窮。同村有個洪大，家業豐厚，有龍陽之癖。洪大有一次路遇邢大，從此對其愛慕難捨，見其家貧，將他接到家中。邢大經不住洪大的軟磨硬纏，與洪大夫妻相稱。洪大有個結義兄弟叫劉六，有一次遇見女妝的邢大，心生愛意。洪大病逝，將「妹妹」邢大託付給劉六。洞房花燭夜，劉六發現邢大是男身，不知所措。在邢大的說服下，二人仍以夫妻相稱。後被一衙役識破，上報刑部，朝野震動，邢大被處斬刑，劉六被刺配邊疆為奴。

和珅，中國歷史上的權臣之一，素有「大清第一貪」之稱。歷史上的和珅，不僅長相極為俊美，更是武藝高超，精通滿、漢、蒙古、西藏四種文字，極受乾隆的信任。乾隆帝駕崩僅五日之後，嘉慶帝即下旨將和珅革職下獄，以「二十大罪」被賜白綾一條自盡而死。在獄中，和珅寫下了一首絕命詩：「五十年來夢幻真，今朝撒手遠紅塵。他時應泛龍門合，認取香煙是後身。」

英使馬戛爾尼（George Macartney）在《乾隆英使覲見記》中記載，和珅「相貌白皙而英俊，舉止瀟灑，談笑風生，樽俎之間，交接從容自若，事無鉅細，一言而辦，真具有大國宰相風度。」並稱讚其是「成熟的政治家」。和珅的老師朱珪說：「珅早年好學，唯其為官後日漸貪婪，後手握權柄，挾百官於朝廷。不顧師生之誼，陷吾於不義，幸皇上（嘉慶帝）力保，吾始免一死，臣朱珪必肝腦塗地以報皇上。」

和珅的家產究竟有多少？由於現存史料的不完整，沒有人能給出一個確切數額。與和珅同為億萬富豪的伍秉鑑這樣評價和珅：「和相為人窮奢極侈，以珠佐食，家中又以黃金為器。吾日進萬兩，仍不能望其項背。」一般認為，和珅被查出的家產約值八億兩至十一億兩白銀，所擁有的黃金和白銀加上其他古玩、珍寶，所匿藏的財產相等於當時清政府十五年收入。時人為之語曰：「和珅跌倒，嘉慶吃飽」。

曹雪芹曾祖父曹璽做過內廷二等侍衛，還曾任江寧織造，負責主管採辦皇室江南地區的絲綢，曾祖母孫氏做過康熙帝玄燁的保母；祖父曹寅做過康熙皇帝的伴讀和御前侍衛。此時，曹氏家族極為顯赫，康熙六下江南，其中四次由曹寅負責接駕，並住在曹家。曹寅二女均被選為王妃，一時榮耀無比。雍正帝即位後，曹家受政治爭鬥牽連，逐漸失寵沒落。

曹雪芹多才多藝、工詩善畫、嗜酒狷狂。張宜泉的〈傷芹溪居士〉云：「其人素性放達，好飲，又善詩畫」。友人敦誠曾讚道：「愛君詩筆有奇氣，直追昌谷破籬樊。」又說：「知君詩膽識如鐵，堪與刀穎交寒光。」曹雪芹還喜歡畫突兀奇峭的石頭，敦敏〈題芹圃畫石〉說：「傲骨如君世已奇，嶙峋更見此支離。醉餘奮掃如椽筆，寫出胸中塊磊時。」

曹雪芹晚年移居北京西郊，生活更加潦倒，常「舉家食粥酒常賒」，靠著賣畫和親友的接濟過日子。家境的敗落使他深刻感受到了世態的炎涼，對社會與人生的認知也隨之加深。就是在這樣「蓬牖茅椽，繩床瓦灶」的艱苦環境下，曹雪芹創作了不朽鉅著《紅樓夢》。字字看來皆是血，十年辛苦不尋常。他自嘆寫紅樓夢：「滿紙荒唐言，一把辛酸淚；都言作者痴，誰解其中味？」

晚年的乾隆皇帝是一個喜歡虛榮的老人，他自稱「十全老人」，喜歡鋪張浮誇，好大喜功；他愛寫詩，一生寫了大概四萬首詩，差不多接近《全唐詩》的總和，可稱第一，但是很遺憾，沒有一句留傳開來；他愛炫耀，喜歡給別人挑錯，以展現自己學問之廣博。為此，大臣們經常在奏摺中故意寫幾個錯別字，給乾隆一個在文武大臣面前得意一把的機會。

乾隆在位六十年，退位後當了三年太上皇，實際掌握最高權力長達六十三年零四個月，是中國歷史上執政時間最長、年壽最高的皇帝。在他漫長的執政生涯裡，大清帝國疆域遼闊，經濟繁榮，萬邦來朝，氣象恢弘，和康熙一朝被稱為「康乾盛世」。而他本人也被描述成為開明寬厚、風流倜儻的一代「聖君」。當然，這一切都只是乾隆描繪的一副虛幻的圖景。乾隆自稱其治下是盛世，但歷史告訴人們那是胡扯。

乾隆曾得意的自封為「十全老人」，挖空心思渲染他的「蓋世武功」，有如下功績：

一、一七四七年：平大小金川；二、一七五五年：平準部；三、一七五七年：再平準部；四、一七五九年：平回部；五、一七六九年：平緬甸；六、一七七六年：再平大小金川；七、一七八八年：平臺灣；八、一七八九年：平越南；九、一七九一年：平尼泊爾；十、一七九二年：再平尼泊爾。

乾隆醉心於盛世太平君主的享樂中，縱恣奢華。乾隆帝八十大壽，「內外宮殿，大小物儀，無不新辦。自燕京至圓明園，樓臺飾以金珠翡翠，假山亦設寺院人物，動其機括，則門窗開闔，人物活動。營辦之資無慮屢萬，而一毫不費官帑，外而列省三品以上大員俱有進獻，內而各部院堂官悉捐米俸，又以兩淮鹽院所納四百萬金助之。」所用經費共計白銀一百一十四萬四千二百九十七兩五錢。

沈德潛先後參加過十多次鄉試，均以失敗告終。乾隆七年（西元一七四二年），庶吉士們參加例行的散館考試，沈德潛和袁枚等人同試於殿上。乾隆對沈德潛的詩名早有耳聞，詢問誰是沈德潛。沈德潛跪下奏道：「臣是也。」乾隆帝問：「文成乎？」沈德潛回答：「未也。」乾隆帝笑道：「汝江南老名士，而亦遲遲耶？」三日後，沈德潛被任命為翰林院編修。

清代著名詩人袁枚曾這樣寫詩評價沈德潛和乾隆的關係：「確士先生七十餘，自刪詩稿號歸愚。青鞋布襪金階上，天子親呼老祕書。」沈德潛夫人俞氏去世，沈德潛寫詩悼念，乾隆對他說：「汝既悼亡，何不假歸料理？」沈德潛請假歸葬。乾隆帝諭不必開缺，命給三代封典，並賜詩寵行，聲稱：「我愛德潛德，淳風挹古初。」侍郎錢陳群和道：「帝愛德潛德，我羨歸愚歸。」一時傳為佳話。

西元一七九三年，馬戛爾尼訪華。福康安帶他們去參觀圓明園，當看到自動彈簧機時，福康安問：「英國有這種機器嗎？」答：「這些機器就是從英國運來的。」福康安很掃興。馬戛爾尼請福康安觀看歐洲新式武器操練之法，福康安冷淡地說：「看亦可，不看亦可。這火器操法，諒來沒有什麼稀罕！」馬戛爾尼想表演實彈射擊，但也被拒。他在當天的日記中寫道：「真蠢！他一生中從未見過連發槍，中國軍隊還在用火繩引燃的槍。」

馬戛爾尼訪華時，準備面見乾隆皇帝。依照中國的規定，藩屬國見皇帝都要下跪的，馬戛爾尼堅持說不能下跪，最多像見英國國王那樣行單膝禮，但是可以拉著乾隆的手親嘴，清朝官員不同意。馬戛爾尼說：「那麼可以這樣，我給乾隆下跪，那邊要放一個椅子，放英國國王的像，也就是對英國國王的像也下跪，這表示雙方平等。這樣既可以向貴國皇帝致敬，又不損害我代表的國家在世界列強中的崇高地位。」

佩雷菲特（Alain Peyrefitte）《停滯的帝國》（*The Immobile Empire*）中寫道：「中國人狡猾奸詐，偷得快反悔的也快，而且毫不臉紅，他們一有機會就會偷，而且一旦被人抓住就會說出窩贓的地方。一次吃飯時，中國廚師曾厚顏無恥的欺騙我們，他給我們上兩隻雞，每隻雞都少了一條雞腿，當我們向他指出一隻雞有兩條腿時，他笑著把那兩條腿送來了。」

英國使臣馬戛爾尼見乾隆時，乾隆問：「英王年齡多大？婚否？有幾個嬪妃？」馬戛爾尼一一作答，乾隆對英王沒有嬪妃感到驚訝。乾隆得知英王年齡後說：「朕今年八十三歲，望你們國王與我一樣長壽。」這次會見就此結束。

和珅陪馬戛爾尼遊覽避暑山莊。馬戛爾尼說：「熱河本是窮鄉僻壤，現在美如錦繡，爛若春花，令我輩能徜徉其間，飽享清福，實在是康熙帝的功勞，而康熙開創熱河的功勞也足以讓後人敬仰。」和珅很驚訝：「你怎麼知道康熙帝？誰告訴你的？」馬戛爾尼：「敝國係文明進化之國，學童、學子都學歷史，豈有像貴國這樣強大，且聲名威德震懾全球的而敝國人反而不知的?」和珅不太高興,認為英國人沒必要有文化。

乾隆生日,這天乾隆看了英國人給自己的禮物,他看見一塊巧克力放在帕克式透光鏡的焦點很快被熔化時,他說:「無論透光鏡,還是望遠鏡,原料都是玻璃,同一種東西經西洋人製造,而做成功能不同的儀器,西洋有能人呀!」

乾隆與馬戛爾尼等一起看戲,乾隆說:「朕已是八十老翁,尚且來園子停息,你們見了不要驚訝,便是朕自己,平時也以為國家疆域廣大,政事紛繁,除非有什麼重大慶典,像今天一樣,也總覺沒空玩。」馬戛爾尼:「貴國長治久安,方有此種歌舞昇平的盛況,敝人東來,趕上這盛況,感到很榮幸。」

乾隆得知英國使團遲遲沒有回國,便問左右:「他們英國人事情辦完了怎麼還不想回國去?難道他們忘記了家鄉不成?奇怪奇怪!」侍從告訴乾隆:「英國人來中國這段時間已經病死好幾個了。」乾隆說道:「他們英國人究竟不配到中國來,來了便要死的。」

馬戛爾尼贈給乾隆兩輛馬車。有人對此展開討論。甲說:此種馬車,實為中國前此所未見,但不知皇上將坐哪兒?乙答:此前面之座必為皇帝所坐。甲:不對,後面的座，上有轎式之蓋，有玻璃之窗，有窗簾，有百葉窗，如果皇帝坐前，後面這麼好的位置給誰坐呢？乙：皇帝坐於前，後座給皇后娘娘坐。兩人辯論不能自決，去問英國人。對方答：前座坐馬夫，後座坐皇上。兩人大譁：皇帝怎麼能坐後面呢？完全沒尊卑概念嘛！

英國使團離開時，乾隆給英王寫了封信，信中將馬戛爾尼的所有條件一一批駁，並說：「我是上國，無所不有，不需要跟你們互通有無。我們的方式毫無共同之處，你們的公使也無能力掌握禮節，並將此帶到你們蠻夷之地。那些奇異而昂貴的禮物並不能打動我，你們的大炮朕也看了，我們應有盡有，我認為這些怪誕和精巧的物品毫無價值，你們國家的產品對我國來說毫無用處。」

馬戛爾尼離開中國時，沿途搜集了大量中國軍事情報。他總結說：「清國不堪一擊，中英一旦爆發戰爭，中國或者土崩瓦解，或者俄國乘虛而入。」「清帝國好比是一艘破爛不堪的頭等戰艦，它之所以在過去一百五十年中沒有沉沒，僅僅由於一班幸運的、能幹而警覺的軍官們的支撐。」「中國軍隊手中拿的是蒲扇，而不是火槍，他們與其說是武士，還不如說是跑龍套的演員，他們的繡花背心和緞面靴子和蒲扇看起來笨拙不堪而又女氣十足。」

英國使團沒有受到他們想像中的歡迎，相反卻是天朝接待官員在熱情和禮貌下的極度厭煩和戒備。馬戛爾尼的中國之行結束時，隨從安德遜（Aeneas Anderson）總結道「我們進入北京時像乞丐，在那裡居留時像囚犯，離開時像小偷。」

英國人訪華時，對晚清國民的麻木不仁有深刻的印象，甚至對此感到震驚。馬戛爾尼的隨行人員巴羅（John Barrow）寫道：「北京一地每年有近九千棄嬰，我曾見過一個死嬰的屍體漂浮在珠江，中國人對此視若無睹，彷彿那只是一條狗的屍體。但如果真是一條狗，也許還能引起他們的注意。」

湯瑪斯．士丹頓（Thomas Staunton）在後來總結時說：「如果必須把中國人和歐洲人比較的話，那麼他們像君主制時的法國，舉止瀟灑，但內心孤芳自賞，有強烈的民族優越感。」他還說：「這個龐大的帝國過分相信自己的智力資源，所以不願和歐洲各國建立關係，它幅員遼闊，別人無法強制它，它從不容許與西方發生任何關係。」

馬戛爾尼謁見乾隆皇帝時，英國副使士丹頓和他的十歲的兒子小士丹頓上前致敬，乾隆聽了小士丹頓講幾句漢語，很高興，於是從身上解下一個荷包送給這個小朋友。成年後的湯瑪斯．士丹頓成為東印度公司的專員，長駐廣州，並花了十年時間翻譯了《大清律例》，成為了一位知名的漢學家。

俄國作家馬克西米利安．涅戈萬（Maximilian Njegovan）對晚清的敗亡之相有著清醒的認知，他在《塵埃》說：「若干個世紀以來一隻死神之手牢牢地控制這個國家，這成了這個民族停滯不前的根本原因，就像我們看見的插在花瓶中纏繞而不能健康生長的植物，中國人生活在這樣的環境中。死神之手的密如蛛網般的手指扼殺新生力量，使新生力量如稀薄的空氣一樣消散。」

嘉慶八年（西元一八〇三年）閏二月二十日，嘉慶從圓明園返回大內，剛準備進順貞門，突然有一男子衝出行刺，嘉慶的隨從一百多人一時被驚呆，虧得在場的幾個親王賣命搏鬥，才將刺客擒住。經審問得知，刺客叫陳德，是個平民，因貧困無告，憤恨滿清統治的壓榨剝削，才冒死潛入皇宮，準備刺殺皇帝。事後，陳德一家被殘殺。

西元一八一三年，天理教教徒在首領林清的帶領下起義，以兩百人潛入城內，攻進清宮。眾皇子抱頭鼠竄，只有旻寧（後來的道光）帶著彈弓到各處巡查，只要看見天理教教徒便用彈弓射擊，無不應聲而倒。彈丸用盡，道光從衣服上咬下金鈕扣，用作彈丸，一彈正中首領的眼睛。義軍寡不敵眾，最終失敗。這次起義，因為林清攻入紫禁城，震撼極大。嘉慶帝承認：此乃「漢、唐、宋、明之所未有」，「從來未有事，竟出大清朝！」

西元一八一六年，阿美士德（William Pitt Amherst）來到中國，見嘉慶皇帝要求通商，因不願遵從中國的禮節下跪而未能如願。嘉慶得知後回了一封信：「朕念你國很恭順，深為愉快，但中國的禮儀你們學不會。中國是天下共同的主人，你們豈能如此傲慢？中國是上國，無所不有，不需要跟你們互通有無，你們趕緊離開。你們遠涉重洋而來，朕體恤萬國，你們太辛苦了，今後用不著來上貢了，你這份孝心朕知道了。」

阿美士德回國時，順路拜訪在聖赫勒拿島被囚禁的拿破崙。拿破崙對他說：「在義大利您親吻教宗的騾子並不視為卑躬屈膝，你像中國最高官員一樣對中國皇帝施禮，一點也不會有損名譽，你說你準備像對自己國王那樣向中國皇帝行禮，那你怎麼能要求中國人服從英國人的禮節呢？」最後他說道，「中國是一頭沉睡的雄獅，但當它醒來時全世界都會顫抖，」注意後面還有一句，「它最好不要醒來，讓它沉睡下去吧！」阿美士德說：「大清國是泥足巨人，不堪一擊，等著瞧吧。」

滿族人稱爸爸為「阿瑪」，稱媽媽為「額娘」，而「爸爸」，則是「額娘」的尊稱，所以光緒稱慈禧為親爸爸，而宮裡宮外的人則稱慈禧為老祖宗、老佛爺。

道光想吃片湯，讓內務府依照他的製法去做。第二天內務府的人說，依照皇上的做法，得先蓋一間廚房，還要維護費，總共要七萬兩銀子。道光大為驚訝說：「朕知道前門外飯館一碗片湯四十文，讓太監去買就是了，何必這麼麻煩？」幾天後內務府的人報告說，前門外所有賣片湯的一律關門了，原因不明。道光嘆道：「朕向來不為口腹之慾而濫費國帑，沒想到朕貴為天子，想吃碗片兒湯都吃不到，真是可嘆啊！」

道光見軍機大臣曹振鏞膝蓋上打補丁，問補丁花多少錢，曹振鏞說三兩（已經算虛高了）。道光大怒，問內務府大臣，說：「你一塊補丁找朕要兩千兩銀子，喪盡天良！」內務府大臣說：「皇上褲子的補丁是在蘇州打的，手藝好，工費自然高，而且您的褲子是湖州的絲織品，剪了幾百匹湖縐才對上花紋，此外還有保鏢護送的費用也不低。」道光問：「還帶了保鏢？」答：「那是自然，萬一您的褲子丟了，皇上怪罪下來，我們都吃不了兜著走。」

道光時，諸皇子校獵南苑，結果六阿哥奕訢收穫最多，四阿哥奕詝卻未發一矢。老六發現四哥不動手，策馬到跟前慰問，奕詝說我這兩天身體不舒服，不敢騎著馬跑來跑去的。而當道光問時，奕詝就把他老師杜受田預先教的那套背了出來：「時方春和，鳥獸孳育，不忍傷生以干天和。且不想以弓馬一技之長與諸弟相爭也。」道光聽了很是舒服，說：「是真君子之度也！」

道光弄了兩個盒子，一個金製，一個木製，讓四阿哥奕詝和六阿哥奕訢各挑一個。奕詝說：六弟你先挑吧。奕訢一聽，下手就把金光閃閃的雕著龍的金盒抓到了自己手裡，把刻著麒麟的木製盒子留給了四哥。殊不知，奕訢在拿到金製盒子的同時，就已注定與皇位無緣。

第四章：鴉片戰爭

道光皇帝一度也沾染了吸食鴉片的煙癮。他在《賜香雪梨恭記》中記載了一次吸鴉片的故事：「新雪初晴，園林風和日麗，日食微研朱讀史，外無所事，倦則命僕炊煙管吸之再三，頓覺心神清朗，耳目怡然，昔人謂之酒有全德，我今稱煙日如意。嘻！」

西元一八三八年，鴻臚寺卿黃爵滋上了一道奏摺：「近年各省漕賦疲累，官吏虧空，商民交困，都是因為銀價飛漲，錢價急跌所導致的。從前市場上紋銀沒兩可兌銅錢一千文，現在要一千六百文。而銀少價升的原因，主要是因為廣東洋船帶來的鴉片煙盛行，導致紋銀透漏出洋，有去無返，一天比一天厲害。鴉片煙本來自英吉利，洋人嚴禁自己人吸食，卻專門誘導他國，如今鴉片蔓延中國，實在是自古以來沒有過的大患，這個禍患比洪水猛獸還要厲害得多。」

清軍的武器裝備極其落後。西元一八三五年，關天培造了四十門大炮，試放時，當場炸裂十個，大炮炮管布滿蜂眼，最大的蜂眼竟然能灌進去四碗水！

法國駐華公使施阿蘭說：「在西元一八九四年四月這一時期，中國確實處於一種酣睡的狀態中。它用並不繼續存在的強大和威力的幻想來欺騙自己，事實上，它剩下的只是為數眾多的人口，遼闊的疆土，沉重的負擔，以及一個虛無縹渺的假設——假設它仍然是中心帝國，是世界的中心，而且像個痲瘋病人一樣，極力避免同外國接觸。當我能夠更仔細地開始觀察中國，並同總理衙門大臣們初次會談，我驚訝地發現這個滿漢帝國竟是如此蒙昧無知、傲慢無禮和與世隔絕，還粗暴地標出『不要碰我』的警告！」

林則徐到廣州後，向夷人表白自己禁煙的決心：「本大臣家居閩海，於外夷一切伎倆，早皆深知其詳，是以特蒙大皇帝頒給平定外域屢次立功之欽差大臣關防。」「若鴉片一日未絕，本大臣一日不回，誓與此事相始終，斷無中止之理。」

林則徐在〈密陳辦理禁煙不能歇手片〉中強調說：「鴉片之為害甚於洪水猛獸，即堯舜在今日，亦不能為驅除。聖人執法懲奸，實為天下萬世計，而天下萬世之人亦斷無以鴉片為不必禁之理。」

西元一八三九年，林則徐任欽差大臣前往廣東禁煙，經過三個月的查探、徼煙，六月三日，林則徐下令在虎門海灘當眾銷毀鴉片，銷煙採用「海水浸化法」，共歷時二十三天，銷毀鴉片一萬九千一百八十七箱和兩千一百一十九袋，總重兩百三十七萬六千二百五十四斤。虎門銷煙也成為第一次鴉片戰爭的導火線。民國時將六月三日定為不放假的禁煙節。

《海國圖志》是魏源受林則徐囑託而編著的一部世界地理歷史知識的綜合性圖書。它以《四洲志》為基礎，將當時搜集到的其他文獻書刊資料和魏源自撰的很多篇論文進行擴編。《海國圖志》詳細敘述了世界各地和各國歷史政制、風土人情，主張學習西方的科學技術，提出「師夷之長技以制夷」，從理論上肯定了研究世界史地的必要性，給閉塞已久的中國人以全新的近代世界概念。無論從政治影響之深遠或學術成就之巨大看，它都是一部具有劃時代意義的鉅著。

西元一八四三年，魏源的《海國圖志》正式出版，但此書在國內並未掀起任何波瀾，只印刷了千冊左右，在中國遭到冷遇乃至唾棄。西元一八五一年，日本海關在檢查中國入境商船時，發現三本此書，如獲至寶，連印十五版，極為暢銷。日本出版的《海國圖志》選本就有二十一個版本，占同一時期日本出版的世界史地著作的一半。西元一八五九年，價格漲了三倍。西元一八六二年，日本維新派人士到上海，卻發現從中國「淘」來的本國暢銷書在中國早已絕版。

林則徐虎門銷煙，消息傳到倫敦，英國議會對是否對清國動武展開了三天激烈的辯論，政治巨頭帕麥斯頓（Palmerston）叫嚷著說：「給中國一頓痛打，然後我們再解釋！」但頭腦清醒的格萊斯頓（William Ewart Gladstone）譴責說：「在人類歷史中，我從未見過如此不正義，並故意要使國家蒙受永久恥辱的戰爭，高傲地飄揚在廣州城頭的英國國旗，只是為保護一樁可恥的交易而升起的。」

曾經在中國販賣鴉片的義律（Charles Elliot）說：「大家都沒到過中國，而我之前在中國待過五年，我最了解中國，怯懦和傲慢是中國政府的兩個顯著的特點。對付中國政府的辦法就是先揍他一頓，然後再說。」

「鐵頭老鼠」查頓（Dr. William Jardine）堅決主張對華開戰：「中國不可能清醒過來，在座諸位都沒有我對中國了解，中國人從來沒有與文明國家打過仗，中國野蠻人雖有勇力，但兵法比不上我們，武器比不上我們，他們的官兵十分之七抽鴉片成癮，根本沒戰鬥力！現如今，道光雖有滿庫私藏，但他卻捨不得將其用於國防，他還讓各省交銀子孝敬他，這樣的國家還打什麼仗？」

英國議會對發動中國戰爭的議案進行辯論，辯論十分激烈，爭執不下，此時曾經出使過中國的湯瑪斯．士丹頓來到下議院發表觀點，他也堅持對中國發動戰爭：「當然在開始流血前，我們可以建議中國進行談判。但我很了解這個民族的性格，很了解對這民族進行專制統治的階級的性格，我肯定，如果我們想獲得某種結果，談判的同時還要使用武力炫耀。」最後表決時，主戰派以九票優勢通過了動武的提案，就是這九票改變了中國的命運。

西元一八四〇年七月，英國海軍英艦侵入定海港，定海人兩百年沒見過洋人，有些慌亂，水師總兵張朝發說：「夷船被風吹來是常事，無需驚訝。」幾天後英艦再次來定海，張朝發有些疑惑了，遂改嘴說：「虎門禁煙，夷船因此來這，此處將成新的港口，即將有生意可做，我們的關稅該漲了，給朝廷的錢就多了，到時皇上一高興，我等要漲薪資了。」

西元一八四〇年七月，定海知縣姚懷祥在參觀伯麥（James Bremer）的軍艦後，曾說過這麼一段話：「我們看到了你們的強大，也知道對抗將是發瘋，但我們必須恪盡職守，儘管如此做會遭致失敗。」

英艦撞進定海水域，定海知縣姚懷祥傻乎乎地帶禮品去慰問洋人，結果到軍艦一問，人家是來打仗的。伯麥讓姚懷祥投降，姚懷祥斷然拒絕，伯麥說我給你六個小時的準備時間，六小時後我再打你。伯麥說話算數，時間一到準時發起炮擊，結果定海失守。

英軍占領舟山島後，德國傳教士郭士立 (Karl Friedrich August Gützlaff) 做了定海縣的縣令。這位老兄是個典型的中國通，會說廣東話和福建話，到過中國很多地方，深悉中國風土人情。外國人都說「他很像是一個中國人，因此中國人常認為他是一個扮作洋人的漢人。」

中國人看不懂白旗休戰規則，馬士 (Hosea Ballou Morse) 在書裡說：「這是一條中國人從來沒有學過的戰鬥中的新規則，即使一位高級軍官曾適當地受過指示，可是還常常發現，有些過分熱情的下屬不懂得應用這條新規則，因而在戰鬥中還是用不上去。英國人對於中國人這類詐欺的行為所表示的憤怒，正如中國人對於英國人攻打炮臺時不從有火力的前方進攻，卻偏要從炮臺側面進攻那樣詐欺行為所表示的憤怒一樣的厲害。」

林則徐在寫給英國女王的一封信中說：「貴國王誠能與此等處，拔盡根株，盡鋤其地，改種五穀，有敢再圖種造鴉片者，重治其罪，此真興利除害之大仁政，天所佑而神所福，延年壽，長子孫，必在此舉也。」

中英「穿鼻之戰」中，關天培「親身挺立桅前，自拔腰刀，執持督政，厲聲喝稱：『敢退後者立斬』」「取銀錠先置案上，有擊中夷船一炮者，立即賞銀兩錠。」當中國船隻紛紛下沉後，關天培依然命令繼續向英艦開火。「義律對於這位老人的勇氣感到非常震驚，命令史密斯不要再開炮，允許這艘破損不堪的旗艦開走。」

義律實在受不了林則徐居高臨下的傲慢口吻，有一次請求林欽差給他的文書用詞客氣些：「遠職為英國特派官員，敬請大憲諭內不用輕慢字眼也。」不料林則徐回覆說，我的諭令已經夠客氣了：「節次所諭，無非宣告義理，訓誨成全，有何輕慢？」

九龍之戰後，美國佬如此評價林則徐：「他過於低估了對手的軍事實力，對九龍戰役的結果做了可笑的解釋——這真是一個如意算盤。假如戰爭給他帶來安慰，那也是幻想中的安慰：中國人想像的是雙方互射弓箭的假想戰，而實際上這是十六世紀與十九世紀的衝突。」

西元一八四〇年十月二十塞日，鄧廷楨上奏要求撥十五萬兩軍費。道光收到後嚴厲指責他：「現在該夷僅只防守，並未敢四出滋擾，鄧廷楨等所稱腹背受敵，未知所受何敵？該夷因閩浙疆臣，未能代為呈訴冤抑，始赴天津投遞呈詞，頗覺恭順，現在特派大臣赴粵查辦，不日即可戢兵。鄧廷楨等所稱該夷猖獗，不知在何處猖獗？」

西元一八四〇年十一月二十一日，英船「皇后」號來虎門給欽差大臣琦善捎一封信。為了避免引起岸上清軍的誤解，這艘船和其餘船隻都掛上了白旗。鎮守沙角炮臺的陳連升不懂國際法，更不知道白旗規則，見英船前來，以為是挑釁，不由分說就拿大炮迎接上了。英國人沒有辦法，只好把信給澳門當局，讓他們轉交給欽差大臣琦善。

西元一八四〇年十二月，中英談判開始。兩廣總督琦善對於英國人開出的割地賠款等條件感到很為難，但打又打不過，於是上奏道光皇帝說：「此時若與交仗，縱幸賴聖主鴻福，而其事終於未了。」對於割地的條款，琦善跟道光說：「唯請給地方之說，若仰沐聖恩，假以偏隅尺土，恐其結黨成群，建臺設炮，久之漸成占據，貽患將來，不得不先為之慮。」

鴉片戰爭期間，有人曾天真地設想透過游擊戰的方式，將夷人拖入人民戰爭的「汪洋大海」中。林則徐就曾提出過利用民力抗夷的戰術：「或將兵勇扮作鄉民，或將鄉民練為壯勇，陸續回至該處，詐為見招而返，願與久居，一經聚有多人，約期動手，殺之將如雞狗。」清臣蔣琦齡也說：「我眾彼寡，則分軍為三四，仿古人更休迭戰之法，或擾之不聽其休，或環攻以分其力，我敗有援，賊死無繼。」

鴉片戰爭後，有不少人遺憾清政府罷免了林則徐這樣的清官能吏。魏源在《道光洋艘征撫記》裡幻想說：「必沿海守臣皆林公而後可，必當軸秉鈞皆林公而後可。」蔣廷黻也曾說：「全國文武官員盡是如林則徐，中國亦不能與英國對敵。」那麼林則徐是怎麼看的呢？時任福建汀漳龍道的張集馨曾就福建的水師營制徵詢過林則徐的意見，林的回覆是：「雖諸葛武侯來，亦只是束手無策。」

蔣廷黻先生曾說：「林則徐的被罷是他的終身大幸事，而中國國運的大不幸。林不去，則必戰，戰則必敗，敗則他的聲名或將與名琛相等。但林敗則中國會速和，速和則損失可減少，是中國的維新或可提早二十年。鴉片戰爭以後，中國毫無革新運動，主要原因在時人不明失敗的理由。林自信能戰，時人亦信其能戰，而無主持軍事的機會，何怪當時國人不服輸！」

伊里布做雲南通判時，釋放了武將們為貪功而抓的無辜百姓。總督伯麟聽信武將們的一面之詞，將他訓斥一番。伊里布當面頂撞：「下官職位雖低，但也深知為官的本分。那些無辜之人均有父母子女，豈能靠屠戮來取媚朝廷？何況，下官所釋均為無辜之人，如有再叛，下官願以人頭作保，要殺要剮，唯命是從。若以殺害無辜之人做升官之途，就算提拔做督撫，也非下官所能為也。」伯麟聽後頗為震動，待其走後嘆道：「奇男子，真奇男子也！」

伊里布被彈劾去官，想找撫軍撥點盤纏，站崗的見他沒錢通融，又是被廢官員，不肯通報，伊里布懇求再三，才讓他到西偏房等候。伊里布在西偏房等了三天，窮極無聊，仰頭默數屋裡有幾根椽木，數了又數，反反覆覆，最終也沒見到撫軍，只好孤身前往京城。未料伊里布時來運轉，被任命為監司。回到雲南，站崗的那幾位見他立即起身，招呼奉承。真是此一時也，彼一時也。

西元一八四〇年，英軍侵占定海，伊里布被任命為欽差大臣前往浙江籌辦進剿。在見識了英軍的堅船利炮後，伊里布向道光皇帝奏報：「其船隻之高大堅厚，炮械之猛烈便利，破此尤非易事，非厚集兵力，亦恐難以置勝。」道光閱後卻以為他畏葸怯戰，長他人志氣，滅天朝威風，非要他率領清朝水師前往應戰，令伊里布好一陣為難。

西元一八四〇年六月，英軍自信滿滿地駛近虎門炮臺，忽然發現海面上有許多紅纓帽在游動。英軍以為是清軍想泅水來攻，舉槍射擊，只見被擊中的紅纓帽下冒出的不是鮮血，而是一團團黑褐色的、發出「嗡嗡」聲音的濃霧，英軍定睛一看，才發現竟然是大黃蜂！遮天蔽日的蜂群螫得英軍鼻青臉腫，哇哇怪叫，有個別不幸的英軍當場被螫死。清軍趁機進攻，英艦倉皇逃竄。原來，清軍事先在紅纓帽下放了夜壺，夜壺中裝滿黃蜂。清軍就這樣用夜壺、馬蜂打敗英國人。

英軍在澳門登陸，在義律帶領下摸索前進。走了半天，前邊發現幾百匹馬。義律一拍大腿：「這些馬一定是清軍逃跑時留下來的。全軍聽令，衝過去搶奪馬匹，騎馬繼續前進！」英軍騎馬前進，不一會兒卻見馬匹紛紛倒下，將英軍摔了個七葷八素。清軍趁機殺出，槍炮齊射，打得英軍暈頭轉向，義律倉皇逃命。原來，這些馬早就被灌了麻醉藥，時間一到藥性發作就倒了。

關天培奮勇殺敵，最終說：「英人可惡，琦善可恨！天培從此殉國了。」壯烈犧牲，在場的英軍在關天培遺體被抬走時向其鳴禮炮致敬。關天培殉難後，留給母親的只有他的幾顆落牙和幾件舊衣服。老夫人止住悲慟，只說了四個字：「吾有子矣！」林則徐挽關天培：「六載固金湯，問何人忽壞長城，孤注空教躬盡瘁；雙忠同坎壈，聞異類亦欽偉績，歸魂相送面如生。」並在他的祠堂上寫了一塊匾——「我不如你」。

道光將琦善革職後，派湖南提督楊芳和自己的姪子奕山接替他。奕山到廣州後，見英軍火炮厲害，幾乎炮炮皆準，認為其中必有邪術，他竟想出一條「以邪破邪」的妙計，殺了幾隻老虎，把老虎的骨頭扔到海裡，想以此激怒龍王爺，掀翻英艦。參贊楊芳還遍收民間馬桶，婦女用的穢帶載於竹排之上，每排放大木桶二十個，抵抗英軍進攻，結果慘敗。時人寫詩嘲諷道：「糞桶尚言施妙計，穢聲傳遍粵城中。」

西元一八四一年三月中旬，英軍進攻廣州，清軍炮臺守將在戰前居然與英軍這樣密商：「你們別開炮，我們也不開炮，誰都別開炮，我可以放六次沒有炮彈的炮，給皇帝留面子，然後走掉。」

史學家蔣廷黻曾這樣記述林則徐粉飾太平：「後來雖又作陝甘總督和雲貴總督，他(林則徐)總不肯公開提倡改革。他讓主持清議的士大夫睡在夢中，他讓國家日趨衰弱，而不肯犧牲自己的名譽去與時人奮鬥。林文忠無疑的是中國舊文化最好的產品。他尚以為自己的名譽比國事重要，別人更不必說了。士大夫階級既不服輸，他們當然不主張改革。」

英國海軍司令伯麥(J. G. Bremer)就曾這樣評價林則徐：「林公自是中國好總督，一血性，一才氣，但不悉外國情形爾，斷鴉片煙可，斷貿易不可。貿易斷則我國無以為生，不得不全力以爭通商。」

鴉片大量輸入，使中國每年白銀外流達六百萬兩，對當時的貨幣體系造成了嚴重的衝擊。加上私鑄銅錢氾濫，銅錢變相貶值，中國國內發生嚴重銀荒，銀價上揚，錢價下跌，財政枯竭，國庫空虛。當時愛國者魏源在《海國圖志》一書中就憤怒地說：「鴉煙流毒，為中國三千年未有之禍。」

西元一八三九年三月，林則徐會同兩廣總督鄧廷楨、廣東水師提督關天培在廣州籌劃禁煙。林則徐立下誓言：「若鴉片一日未絕，本大臣一日不回，誓與此事相始終，斷無中止之理」，表示禁絕鴉片的決心。

西元一八一三年，中國進口額約一千兩百六十萬兩，出口額約一千兩百九十萬兩；西元一八三五年到一八三八年，走私進中國的鴉片大約四萬箱（英國約三點九萬箱，美國每年從土耳其販賣約一千箱），每箱平均耗銀約四兩，以此推算，中國光鴉片一項就外流近一千六百萬兩白銀。而這些走私貿易導致的白銀外流情況，並不出現在官方的貿易數據上，危害隱蔽又巨大。

鴉片吸食大約是明末荷蘭人傳到臺灣，再經由海峽傳到中國。雍正、嘉慶等朝曾幾度查禁鴉片，但吸食之風卻始終未曾根絕。西元一七九六年，走私進中國的鴉片只有幾百箱，西元一八三八年輸入中國的鴉片為四萬箱，西元一八五二年達到四點八萬箱，西元一八五六年更達五點八萬箱。每箱平均耗銀約四兩，以此推算，中國光鴉片一項就外流近一千六百萬兩白銀。民間煙館遍布，烏煙瘴氣，甚至綠營士兵也多吸食鴉片，軍隊戰鬥力之孱弱可想而知。

早在鴉片戰爭爆發前，國內鴉片消費市場已是初具規模，各地煙館林立，煙民遍地。西元一八四〇年，福州城內有三百多家鴉片館，城內超過四成的男性吸食鴉片。城內某居民區有十二家鴉片零售店，米店卻只有七家。林則徐曾描述衙門裡「如幕友、官親、長隨、書辦、差役，嗜鴉片者十之八九」。

鴉片戰爭後，東印度公司派羅伯特（Robert Clive）來到中國偷茶葉種子。由於當時清政府對茶種嚴加看管，羅伯特在中國轉悠了一圈，並沒有如願以償。羅伯特又去北京見了道光帝。道光帝問羅伯特是哪個國家的，羅伯特知道《南京條約》讓大清王朝對英國恨得牙癢，於是稱自己來自蘇格蘭，並說：「蘇格蘭與英格蘭相隔上萬里，幾百年來，兩個國家一直戰事不斷，互不往來。」道光帝於是把他當作朋友，下令所有的茶山茶行都對羅伯特開放。

第一次鴉片戰爭時，扶乩術盛行。奕經到西湖關帝廟求籤，籤文有「虎頭人」語，奕經自以為如果在虎年虎月虎日虎時出兵能獲全勝，讓士兵戴上虎皮帽，於是專門挑了個日子，在一八四二年三月十日四時進攻。當時正值浙江冬雪，不便作戰，加上奕經興師動眾選擇吉日，導致消息外洩，英軍知道後，設伏消滅清軍五六百人。

英艦北犯之初，道光命盛京將軍耆英避免海上交戰，布兵堵住沿岸登陸地點，如果英軍登岸，則盡全力剿除。他說：「儻有夷船駛至盛京，該將軍等務當相機防堵，不得於海洋與之接仗。如其入口登岸即應竭力剿除。」「蓋該夷之所長在船炮，至捨舟登陸，則一無所能。」他認為此時「正不妨偃旗息鼓，誘之登岸，督率弁兵，奮擊痛剿，使聚而殲旃，乃為上策」，要求耆英「務當謹慎持重，相機妥辦。」

西元一八四一年五月，英國軍隊在廣州城北三元里附近遭遇當地民眾的反抗，在四方炮臺被包圍，四名英軍死亡，二十多人受傷，是為「三元里抗英事件」。此役之後，民間創作了許多關於此次事件的民謠在廣州流傳，比如：「一聲炮響，二（義）律埋城。三元里打仗，四方炮臺打爛。伍紫垣頂上，六百萬講和，七錢二兌足。八千斤未燒。九九（久久）打下。十足輸晒。」

西元一八四一年五月，奕山戰敗，卻在奏摺中虛報戰事大捷。道光聽說激戰中火藥庫爆炸，問奕山是如何打敗英軍的，奕山編了一個神話故事騙道光皇帝：當英軍進攻廣州靖海門時，火藥庫中彈爆炸，忽然在煙霧中望見一位白衣女神揮一揮衣袖，晴天突然下起了傾盆大雨，把彈藥庫的大火撲滅，也把英軍的火藥澆溼，洋槍洋炮失靈，我軍乘勢擊敗英軍。道光大喜。

英軍拿下廣州，奕山在向英軍交納六百萬贖城費後要回了廣州，卻在奏摺中編了個故事：「城外士兵報告說有洋人向城內招手，似乎有話要說，總兵聞報，來到城頭，見城下幾個洋人在指手畫腳，不知搞什麼名堂，叫來翻譯，翻譯說：夷人要見大將軍，說有苦要訴。總兵說：我堂堂大將軍豈是想見就見？該夷人嚇得趕緊脫帽作揖，向總兵連連施禮，說他們靠做買賣過日子，如不准貿易，就沒法活，懇求大將軍轉呈大皇帝開恩，只要恢復貿易，他們保證立即撤退，絕不惹是生非。就這樣我們允許了他們恢復貿易的請求，這些英國商人就與英軍協商，英軍撤軍了。」

靖逆將軍奕山愚昧無能，靠撒謊請功，時人開藥方諷刺奕山，「腸子一條，黑心一個，厚臉皮一張，兩頭舌一根，媚骨一副，屈膝一對，叩頭蟲不分多少，笑臉三分，以上八味藥用笑裡藏刀切碎，藏於烏龜殼內，臨用時以狼心一個，狗肺一個煎成糊塗，和藥服用。」

楊芳在和英軍交戰時，英軍艦船炮火十分猛烈，「火箭巨彈，肅肅過耳畔」，身邊的人嚇得兩腿顫慄，而楊芳卻談笑自若，笑罵道：「醜虜要擊死老子耶！」

《南京條約》的談判過程中，伊里布的一名家丁張喜發揮了重要作用，一些談判的細節竟然由其完成，也是這位「極品家丁」將賠款數量由三千萬元減到了兩千一百萬元。

鴉片戰爭結束後，道光詢問參與《南京條約》談判的耆英：「逆夷打仗的時候，所率夷兵何以能使有進無退？」耆英給出的答案是：「英夷武官四十歲以下的都不娶妻室，兵丁也都是光棍，沒有老婆，所以打起仗來不怕死，個個無所顧瞻，臨敵爭先。」道光批覆道：「可惡之至。」

拿布夫人被清軍俘虜後，抓獲她的人把拿布夫人認作女王的妹妹，對拿布夫人禮遇有加，還給她安排了臥室家具及一名僕人。特拉維斯．黑尼斯三世（W. Travis Hanes III）和弗蘭克．薩奈羅（Frank Sanello）對此感嘆說：「中國人對於等級制度的重視即使在監獄中都能體現出來。」

道光皇帝曾經釋出過一條命令，誰賣食物給英軍，誰就是漢奸，並勒令各省兵民查拿漢奸，且查拿有獎。這下英國人的日子就不好過了，定海「街上難得看見一個中國人，沒有可能得到新鮮食物，城的附近看不見公雞和母雞，就是聽得一隻鳥叫，也難得再叫了。從軍的非戰鬥人員整天在溝渠裡垂釣，四周圍著僕役，專等收買第一條魚。就連蔬菜的可憐的供給都停止了。」

鴉片戰爭爆發後，國門被打開，西方傳教士紛紛湧入中國。但由於文化習俗等諸多差異，他們在中國並不受到歡迎。英國傳教士李提摩太（Timothy Richard）外出散步時，總會有許多孩子和地痞流氓跟在後面高喊：「洋鬼子！洋鬼子！」並向他扔石頭和土塊。

李提摩太一身洋人裝束，走在大街上總被大家圍觀嘲笑。為了更好地接近中國人，李提摩太換了一身當地人的裝束，剃去前額頭髮並安上了一條假辮子。當他出現在大街上時，眾人紛紛湧過來，圍觀這難得一見的景觀。有人小聲議論道：「啊，他現在看起來像個人了！」

林則徐去世後，咸豐皇帝挽林則徐曰：「報先帝而忠陛下，兩朝開濟屬宗臣，表績出師，千古英雄同下淚；佐天子以活百姓，萬口歡呼起司馬，家傳畫像，四方婦孺亦知名。」

第一次鴉片戰爭，清政府以戰敗而告終。《南京條約》簽訂後，大臣黃宗遠上奏說：「國威自此損矣，國脈自此傷矣，亂民自此生心矣，邊疆從此多事矣。」

英國人奇汀這樣評價腐朽的清政府：「像中國這樣一個封建王朝是在孤芳自賞、憤世嫉俗、目空一切的幻想中孕育而成的。他們把所有文明、資源、勇氣、藝術、軍事都遠勝過自己的其他國家當野蠻人對待，這在我們看來是多麼反常。」

鴉片戰爭時，駱秉章說：「英軍用橡皮銅片保護上身，刀槍不入，只有腳不設防，所以我們應該砍英軍的腳。」

英國人包令評價林則徐：「在中國，林則徐可以說是該國人民的縮影——那個龐大帝國的特點集中在這個人身上，他是中國的一位理想的愛國志士，他是聖人，而且是聖人的典型，他把他的智慧和以往的傳統結合起來。」

西元一八三五年，林則徐寫了十無益：存心不善，風水無益；父母不孝，奉神無益；兄弟不和，交友無益；行止不端，讀書無益；作事乖張，聰明無益；心高氣傲，博學無益；時運不濟，妄求無益；妄取人財，布施無益；不惜元氣，醫藥無益；淫惡肆欲，陰騭無益。

林則徐說：「為官應盡職，盡職以國計為最先，而國計與民生相關，朝廷度支無一不取自人民，所以在下體恤民生就是為對上籌劃國計，這就是民為邦本。」

林則徐曾上奏道光皇帝：「英國攻中國，無非乘船而來，它要敢入內河，一則退潮水淺，戰艦擱淺，二則糧食不足，三則軍火不繼，英軍就是躺在乾河上送死。」

鴉片戰爭並沒有驚醒了中國人的迷夢，大多數人都抱著一種於己無關、漠然視之的態度。《軟塵私語》記載：「議和後衙門依然文恬武嬉，有雨過地皮乾之感，海防之事成為避諱，絕口不提，茶坊酒肆中都掛著牌子，上書『莫談國事』。」

林則徐曾對友人詳談中西差距：「彼之大炮遠及十里內外，若我炮不能及彼，彼炮先已及我，是器不良也。彼之放炮如內地之放排槍，連聲不斷。我放一炮後，須輾轉移時，再放一炮，是技不熟也。求其良且熟焉，亦無他深巧耳。不此之務，既遠調百萬貔貅，恐只供臨敵之一鬨。況逆船朝南暮北，唯水師始能尾追，岸兵能頃刻移動否？蓋內地將弁兵丁雖不乏久歷戎行之人，而皆睹面接仗。似此之相距十里八里，彼此不見面而接仗者，未之前聞。徐嘗謂剿匪八字要言，器良技熟，膽壯心齊是已。第一要大炮得用，今此一物置之不講，真令岳飛韓世忠束手，奈何奈何！」

美國人威廉對林則徐的印象是：「林則徐有莊嚴的風度，表情略微嚴肅而堅決，身材肥大，鬍鬚又黑又長。」林則徐的敵人英國人伯麥說：「林公是中國好總督，有血性，有才氣，但不熟悉外國情形。」

咸豐皇帝挽林則徐：「答君恩，清慎忠勤數十年，盡瘁不遑，解組歸來，猶自心在軍國；殫臣力，崎嶇險地六千里，出師未捷，騎箕化去，空教淚灑英雄。」

道光在鴉片戰爭戰敗兩年後，問群臣：「英國女皇（維多利亞二世）二十二歲，怎麼能成為一國之君呢？婚否？她丈夫叫什麼？哪的人？在英國當什麼官？英國賣鴉片給中國，是為了圖財還是另有所圖？英國國土多大？英吉利距我國多遠，與新疆有無旱路可通？與俄國是否接壤？」結果文武大臣無一人能回答。

陳慶鏞說：「清軍騎兵往往沒有馬，水軍素來不習水，演習時騎兵臨時僱用馬，水兵則找漁民頂替，武器生鏽腐爛不堪，火藥製造時剋扣硝、硫磺，只要能打出聲就行。

戰船用薄木板和舊釘子釘成，一中彈就漏水，火炮中的炮彈堅硬度如同鬆糕一樣。」

美國弗雷德里克說：「清軍雖有陸軍和水師，但卻沒有十足的兵力，花名冊上弄虛作假，為應付點卯，就匆忙招募市場苦力，雖有定期軍訓，但重在觀瞻而不講究實戰，他們練兵的動作就像戲劇舞蹈中的動作。每當發動戰役時，互相猜忌的指揮官們常常對他所帶領的軍隊的性質一無所知，指揮官往往連軍人都不是，在實戰中清軍唯一的本事是搶劫農村，因此是本國人而不是敵人怕他們。」

鴉片戰爭時，大臣汪仲洋說：「英軍眼睛怕光，因此到了中午就不能睜開，我們應在中午時與英軍交戰。」廣西監察御史蔡家玕說：「英軍船大，炮猛，船大就開不動，無風開不起來，炮猛他就不能近距離開炮，否則會崩了他自己。」

著名歷史學家唐德剛先生曾說：「鴉片戰爭前千年不變，戰後十年一變。」蔣廷黻先生曾對鴉片戰爭評論道：「戰爭之前我們不給他們平等，戰爭之後他們不給我們平等。」

第五章：鴉片二戰

除夕夜，時任兩江巡撫的林則徐見秀才沈葆楨，問其為何還在巡撫府。沈葆楨答：公務未畢，不敢回家。林則徐讓沈葆楨謄一份奏章，沈葆楨二話不說，點起蠟燭，埋頭抄寫。三更抄完，林不滿讓重抄，天亮時重新抄好。翌日，林則徐對眾人說道：「今天賀新年，也應該慶賀我得到了一個好女婿。」介紹沈葆楨給大家認識，並點明了沈葆楨能堅守職位、性格平和、遇冤不怒的品性。

亞羅號事件是第二次鴉片戰爭的導火線。西元一八五六年十月，廣州水師在黃埔拘捕了一艘懸掛英國旗幟的中國商船，因為船上疑似是海盜。結果發現執照已過期十二天，扣留了十二名涉嫌走私的中國水手。該船英籍船長立即向英國大使巴夏禮（Harry Parkes）報告，英方要求釋放人犯，並公開道歉。兩廣總督葉名琛同意放人，但拒絕道歉。英方屢屢相逼，最終派兵艦攻打廣州炮臺，挑起戰爭。

西元一八五三年，法國天主教神父馬賴（Auguste Chapdelaine）非法從廣州潛入廣西西林縣，勾結官府，包庇教徒馬子農、林八等搶擄姦淫激起民憤。知縣張鳴鳳逮捕馬賴等二十六名不法教徒，處決了馬賴和兩個罪大惡極的中國教徒。法國皇帝拿破崙三世為進一步取得教會支持，以此為藉口，提出「為保護聖教而戰」口號，於次年聯合英國共同出兵侵華，挑起了第二次鴉片戰爭。

鴉片戰爭時，英國海軍和清軍水師在鎮江江面上交戰，岸邊聚集了大批中國百姓圍觀，當清軍艦船被擊沉時，岸上百姓並不悲傷反到不時爆發出喝采聲，將清軍失敗當笑話看。英軍登陸後正為食物和淡水擔憂，百姓們爭相將食物和淡水賣給英軍。英軍指揮官疑惑不解，問其買辦何以至此，買辦曰：「國不知有民，民亦不知有國」。

英國駐華公使歐格納（Nicholas Roderick O'Conor）在西元一八九五年離任時對恭親王奕訢說：「我在中國待了多年，今天要離開，說一點臨別贈言。王爺是中國第一有權有勢之人，王爺不拿定主意振興中國，即無人能拿定主意，現在很危急了。若能百廢俱興，各國聞之，自不敢動。如還守舊，過不了幾年，恐怕就沒救了。日本先動手得了便宜，其他各國沒有不動心的。但願你們好自為之，無為天下萬世笑也。」

鎮江城被攻破前，副都統海齡面對英軍入侵，海齡不是積極備戰，而是消極對付。英國艦船進入福山口，城內謠言四起，海齡跋扈躁擾，散布旗兵，到處屠殺無辜人民，捉路人作漢奸。英兵入圌山，都統令旗兵滿城捉漢奸，旗兵遇到外鄉人或夜出者，即追而殺之。共捕獲城內居民百七十餘人，於小校場行刑，並及婦人孺子，呼冤之聲不絕，郡守唯流淚而已。

《英人強賣鴉片記》中記載：鎮江之戰中，海齡對妻子說，今日之戰，官軍將恐不利，勸妻子趁北門起火，混亂逃走。妻子說：「許妾所為，君但督士卒，至死勿棄城。」說後，「掖小兒走於北門躍入猛火中以自死。海齡見之大怒，欲報妻子之仇，聚滿洲兵四五十人，衝入敵中，殊死戰，多殺敵兵，後海齡見兵寡，竟不可勝，因見北門火勢未滅，亦投其中，就妻子死所而死焉。」

鎮江之戰，是中英鴉片戰爭中的最後一次戰役。英軍共有三十九人斃命，一百三十人受傷，還有三人失蹤。英國軍官利洛在《英軍在華作戰末期記事》中說：「不論是漢兵或滿兵都表現得非常勇敢，很令我們欽佩……從他們的行動可以看出，雖然打到最後一個人，也還是不肯屈服」。恩格斯讚揚鎮江抗英英雄們「殊死奮戰，直到最後一人」，並說：「如果這些侵略者到處都遭到同樣的抵抗，他們絕對到不了南京。」

英軍進犯金雞山和招寶山，裕謙召開官兵宣誓會，慷慨陳詞：「余受命專討，義在必克，文武將佐，勿以退守為詞，離稱一步；亦勿以保全民命為詞，受洋民片紙。不用命者，明正典刑，幽遭神殛！」不料還是有個貪生怕死的余步雲不敢開炮，擅自丟棄炮臺逃之夭夭。鎮海淪陷前，裕謙見敗局難以挽回，向西北朝廷叩頭謝罪後，跳入沉泮池，以身殉國，為激發軍民同仇敵愾、英勇殺敵，欽差大臣裕謙向鄉民揭露英軍「發掘墳墓，姦淫婦女，虐使良民，搶奪食物，占住民房廟宇，無惡不作」的罪行，並釋出公告：「或生擒夷官，捆解來獻，或殺死逆賊，割頭報功，或燒其大船，或獻其全船，無論何等漢奸，本大臣均即照格給賞。」

西元一七九三年，馬戛爾尼使團訪華時，給中國帶來了大量的科技發明，有最先進的軍事武器如榴彈炮、迫擊炮、卡賓槍、連發手槍等。西元一八六〇年，英法聯軍火燒圓明園時，英國人驚奇地發現，前輩馬戛爾尼留下的大部分禮品，包括天文、地理、音樂鐘和大炮及炮彈等，都完好無損地陳列在那裡，從未被使用過。英國人於是又將它們運回了故鄉。

咸豐親政時，效法父親道光皇帝，厲行節儉。有一次，上書房的門檻壞了，內務府請求換了新門，咸豐沒批准，說拿去修一下還能繼續使用。門修好後，內務府的人給咸豐報帳說總共花費五千兩銀子。咸豐皇帝大怒，當我白痴啊？下令詢問相關人員到底是怎麼回事。內務府的人見主子動真格的了，慌忙說是數字報錯了，是五十兩，事情才算了結。

咸豐有一條新的杭紗套褲，因為不小心燒了個窟窿，身邊的太監說破了就丟了吧，咸豐覺得有些可惜，說：「物力艱難，棄之可惜，盡量給補補吧。」套褲補好後，下面的人竟然報帳了數百兩銀子。咸豐得知後，慨然嘆道：「做皇帝想勤儉都不容易，何況是奢侈呢？」

晚清名士薛福成在一篇名為〈書漢陽葉相廣州之變〉的文章中，這樣評價兩廣總督葉名琛：「不戰不和不守，不死不降不走，相臣度量，疆臣抱負，古之所無，今之罕有。」由此，葉名琛得了個「六不總督」的大名。

西元一八五六年十月，英國借「亞羅號」事件進攻廣州，英國艦隊越過虎門炮轟廣州東郊各炮臺。當時葉名琛正在校場檢閱武秀才們鄉試比武，聞訊不為所動，交代說：「必無事，日暮，彼自走耳！」並下令廣東水師不得應戰。待英軍攻克廣州城時，他猶自坐在房子裡「鎮定自若」地讀書。

英國軍隊進攻廣州城時，守城的鄉勇武器極其粗劣，多為火藥槍、大刀長毛等。英國公使包令（John Bowring）嘲諷道：「以野蠻時代的武器與兵法，同當今昌明的科學所發明的各種武器及首屈一指的海陸作戰策略想抗爭，其結果只有一個。」包令沒說結果是什麼，但我們都心知肚明。

葉名琛在鎮壓「洪兵」起義時毫不手軟，最多的一天要殺近千人。海歸容閎在回憶錄中寫道：「天啊！這是一種什麼景象！血流遍地，街道兩旁，無首的屍身堆積如山，等待掩埋，但卻沒有任何準備清除的跡象……土地已完全被血水滲透，散發出汙穢惡臭的氣味，以至周圍兩千碼左右，都被籠罩在這種傳播文藝的濁氣下。」

英法聯軍在廣州城外劍拔弩張，葉名琛卻認為是在虛張聲勢：「彼無能為也，第作戰勢來嚇我耳。張同雲在彼中，動作我先知之，彼窮蹙甚矣。」有人請求去洋船探探情況，或許會有轉圜的機會，葉名琛當即怒斥道：「如有官紳士庶敢赴洋船議事者，我即指名參奏。」

葉名琛被俘後，有一對聯諷刺說：「霜降風高，天下難容老葉；宵雨暗人，人家恐爭初春。」「老葉」和「初春」均指葉名琛的父葉志銑（字初春）。又有民謠曰：「葉中堂，告官吏，十五日，必無事。十三洋炮打城驚，十四城破炮無聲，十五無事卦不靈。洋炮打城破，中堂仙館坐；忽然雙淚垂，兩大仙誤我。」

葉名琛被英軍帶到印度加爾各答，自稱「海上蘇武」。所帶的食物吃盡，僕人準備外出購買，葉名琛說：「我之所以不死而來，是聽說夷人欲送我到英國，據說他們的國王素稱明理，想面見該國王，當面理論，既經和好，何以無端起釁？究竟孰是孰非？以希望折服其心，而存國家體制，性命早已置之度外。本想完成此事，不想日望一日，總不能到他國，淹留此處，要生何為？所帶糧食既完，何顏食外國之物？」於是開始絕食，不久餓死。

西元一八六〇年英法聯軍直逼北京城。咸豐皇帝慌了，對慈禧說：「我們跑吧。」慈禧答道：「皇上在京可震懾一切，聖駕若離開京城，宗廟無主，恐怕會被夷人踐踏。昔日周朝東遷，天子蒙塵，今日若放棄京城而去，恥辱莫大焉！」

西元一八六〇年英法聯軍即將打進北京，咸豐皇帝決定跑路，但在跑路之前對恭親王奕訢說：「朕留你在京與洋人講和，現在跟洋人講和是難上加難，如果無法達成和平，只有繼續戰爭，萬一打不過洋人，你就來熱河找我，無論如何必須全身而退。」

西元一八六〇年十月六日英法聯軍攻入北京。英法聯軍並不知道圓明園在哪，晚清大思想家龔自珍的兒子龔橙主動給他們帶路。龔自珍如地下有知，不知會做何感想？

圓明園被洗劫後，《戈登在中國》中記載道：「離開圓明園的每個人都要拿走四十五磅(四十五斤)以上的東西。許多金質的東西被誤認為是黃銅而被摧毀，有些珍奇的手抄本被當做廢紙用作點煙斗的工具。」

法國著名漢學家保蒂埃(M.G.Pauthier)曾遊覽過圓明園，他寫道：「皇帝的藏書閣擺滿了書。書櫃製作精良，裡面擺著最精緻和古老的書。皇帝這些珍貴的物品已為歐洲人所周知。這個藏書閣有三個羅浮宮的大小，所有圖書自上而下排列整齊，方式科學，為防止蒙灰，書籍都用絲綢覆蓋。這裡收集著各種書籍的最好版本，有的稀有書籍只有這裡才能找到……其實，我們可以用圓明園的藏書閣和亞歷山大大帝最驕傲的藏書閣相比。」

清王朝對面子的執著、對傳統的迷信，本質上都源於幾千年輝煌文明的傳承：我是「天朝上國」，你是「夷狄宗藩」，你就應當向我臣服。當英軍從廣州打到了北京城外的通州時，咸豐仍不忘擺出「天朝上國」氣派：「逆夷猶敢逞凶帶領夷兵，逼進通州，稱欲帶兵入見，朕若再事含容，其何以對天下？」「如尚執迷不悟，滅理橫行，我將士民團等，唯有盡力殲除，誓必全殄丑類，其毋後悔。」

英法聯軍進入圓明園後，「以為到了一座博物館，而不是什麼居住場所。因擺在架子上的哪些東方玉器、金器、銀器，還有漆器，不論是材料還是造型都是那麼珍貴罕見，那簡直就像歐洲的博物館。出於一種習慣上的謹慎，大家首先是仔細觀察。那些東西擺得那麼井然有序，使你覺得只能看，不能動。還是有人經不住誘惑，就先動手了。」

法國翻譯官德里松對於英法聯軍洗劫圓明園的行徑這樣記錄道：「這一大群各種膚色、各種樣式的人，這一大幫地球上各式人種的代表，他們全都鬧哄哄地蜂擁而上，撲向一堆無價之寶。他們用各種語言叫喊著，爭先恐後，相互扭打，跌跌撞撞，摔倒又爬起來，賭咒著，辱罵著，叫喊著，各自都帶走了自己的戰利品……」

德里松對英國人和法國人的搶掠方式做了比較：「法國人堂而皇之地搶，而且都是單個行動。英國人比較有條理，他們能很快就明白應該怎麼搶，而且做得很專業。他們都是整班行動，有些人還拿著袋子，都有士官指揮。有個難以置信但又是千真萬確的細節，就是那些士官都帶著試金石。見鬼！他們是從哪兒弄到的試金石？」

聯軍洗劫圓明園時，有個士兵本來想抓住藏在沙發下的一隻小狗，手伸進去後卻碰到了一個大銅環。他移開沙發，拉開銅環，裡面有個小密室，密室裡有兩個小匣子，裡面塞滿了鑲嵌著珍珠和鑽石的手錶。儘管此後被關了兩天禁閉，但他一點也不後悔，因為那包東西後來賣了兩萬五千法郎。

英法聯軍在洗劫了圓明園後，成立了一個「戰利品管理處」，對士兵們願意交出來的「戰利品」進行拍賣，共得十二萬美元。按分配原則，三分之二給了士兵，三分之一歸了軍官。

西元一八六一年，英法聯軍洗劫圓明園後，法國作家雨果（Victor Marie Hugo）憤怒地寫下了著名的抗議書：「我們所有大教堂的財寶加在一起，也許還抵不上東方這座了不起的富麗堂皇的博物館。」他說，「兩個強盜進了圓明園。一個強盜洗劫，另一個強盜放火……他們手挽手，笑嘻嘻地回到歐洲」。最後還說：「我們歐洲人是文明人，中國人在我們眼中是野蠻人。這就是文明對野蠻所做的事。將受歷史制裁的這兩個強盜，一個叫法蘭西，另一個叫英吉利。歷史記下了一次搶掠和兩個盜賊。」

圓明園被燒毀後，英軍步兵中校沃爾斯利在離開時，最後看到的景象是：「十月十九日晚，圓明園已不復存在。其周圍緊鄰的區域也彷彿地覆天翻一般，只有黑黢黢的牆垣和一堆堆燒焦的屋架表明皇家宮殿過去所處的位置。環繞著圓明園的松林也已化為灰燼，只剩下一根根被燒成焦炭的樹幹。」

圓明園的熊熊大火持續了三天三夜，北京城的上空濃煙籠罩，滿目煙塵，陰鬱、黑暗充斥著這座帝都。恭親王奕訢在西山的高地上看到各名園中火光衝天後，上奏自己的兄長咸豐皇帝：「臣等登高瞭望，見火光至今未熄，痛心慘目，所不忍言！」還在熱河的咸豐皇帝批道：「覽奏何勝憤怒！」

圓明園獸首銅像原為圓明園海晏堂外的噴泉的一部分，是清乾隆年間的紅銅鑄像，由駐華耶穌會教士郎世寧設計，他以獸頭人身的十二生肖代表一天的二十四小時。十二生肖獸首銅像呈「八」字形，分列在噴水池兩旁的人身石臺上。每座銅像每個動物就是一個噴泉機關，每到一個時辰，相應的動物口中就會輪流噴水，蔚為奇觀。西元一八六〇年，十二生肖獸首被英法聯軍掠奪後流落四方。

英軍為什麼要火燒圓明園？傳統觀點認為：「英法聯軍劫掠圓明園後，他們為了掩蓋劫掠圓明園的罪證，要銷贓滅跡。」實際上，英軍火燒圓明園，公開進行了三天，消滅罪證一說根本站不住腳。英軍統帥格蘭特 (James Hope Grant) 說：「因為清政府對於所捕獲的英人大半加以殺害，額爾金爵士 (Earl of Elgin) 和我都覺得必須對清帝加以嚴厲的責罰，並且留些報復的痕跡才行。」

咸豐在熱河病故，奕訢趕到熱河後欲見兩宮太后，被肅順等人阻止入宮。侍郎杜翰也指責說：「叔嫂應當避嫌，先帝剛死，皇太后居喪，不適合召見親王。」但兩宮太后多次派太監來催促，要求召見恭親王。奕訢只得請端華一同進去。端華向肅順使眼色，肅順說：「老六（奕訢排行老六），你和兩宮太后是叔嫂，我們陪同晉見算怎麼回事啊，還是你自個進去吧！」

西元一八七六年文祥病危，仍念念不忘國事，上奏道：「我國兩次鴉片戰爭的失敗有三個原因：不了解外國情況，和戰舉棋不定，邊境的大臣不據實上報，總謊報軍情。西方各國官商一體，政教並行，洋人的船剛來我國時處處被我欺負，事事被我阻撓，慢慢他們發現阻撓他們的中國官員可以用錢買通，欺負他們的官吏也都是紙老虎，中國並不是無隙可乘，於是他們紛紛來分一杯羹。」

與恭親王多次接觸的美國傳教士丁韙良（William Alexander Parsons Martin）對恭親王讚賞有加。在他的回憶錄中，詳細地描繪了恭親王的魅力：「他的眼睛、鼻子等，都顯露出他是個相當有內涵的人。當他開始說話時，他的臉部飛揚著智慧的光芒。他說話很快，其話語的準確度遠高於其深刻性。」「他行為舉止既和藹又優雅，說話迅速而有力，給予人有自主力量的印象」。

西元一八六〇年，奕訢代表清政府與英法聯軍簽訂條約。英軍司令格蘭特準將感慨道：「恭親王真是個謙謙君子，他明顯地在控制著自己的緊張恐懼。」額爾金勛爵的助手洛奇回憶說：「恭親王當時只有二十八歲，但看上去要比實際年齡老多了。他的相貌很睿智，但顯得十分焦慮。其實，考慮到他的處境，這並不奇怪。他隱藏了他的恐懼感，如果有的話。」

蔣廷黻這樣評價文祥：「文祥是先天下之憂而憂，後天下之樂而樂的大政治家，他的品格可以說是中國文化的最優代表。」

同治帝在位時，最喜歡出入煙花柳巷。他駕崩時，京劇醜行演員劉趕三正好在阜成園唱《南廟請醫》一劇。劉趕三在劇中即興插科打諢道：「東華門我是不去的，因為那兒門裡頭，有家闊哥兒，最近害了病，找我去治。他害的是梅毒，我還當是出天花兒呢，一劑藥下去，就死啦！我要再走東華門，被人瞧見，那還有小命兒嗎？」臺下戲迷嚇得瞪眼咋舌，以為他瘋了。

俄駐華使館外交官馬克西米利安．涅戈萬說：「觀看中國軍人列隊行走極為有趣，他們都一臉嚴肅認真的表情。每個人都肩扛著一支長槍。由於沒有統一姿勢與標準，所以扛槍如同扛著把鐵鍬。除了隨身的武器之外，他們還每人攜帶一把扇子。其攜帶方式可謂五花八門，有插在衣服口袋裡的，有插在領口上的，還有的乾脆用長長的辮子纏繞起來……長長的竹管也是士兵行軍打仗時喜歡攜帶的東西，有些士兵還故意用竹管代替槍來扛用。他們認為，竹管既輕便，又能用於吸鴉片。」

馬克西米利安．涅戈萬最後評價說，「若按歐洲人標準，中國軍隊中沒有一位算是合格的士兵。因為軍人是一種很嚴肅、很神聖的職業。但是中國的士兵並不這樣認為。他們說，雖然軍容鬆懈，但他們的前輩就能屢屢戰勝敵人，保衛住自己的祖國。儘管如此，這種軍隊的確不配稱作是天朝帝國軍隊。」

國人對於洋人軍隊的訓練方式不理解，有人曾在看過他們的軍事訓練後回來記述道：「洋兵肅立，舉手加額，拔毛數莖，擲於地上，以示敬！」

徐大椿作〈道情詩〉說：「讀書人，最不濟，讀時文，爛如泥。國家本為求才計，誰知變作了欺人計。三句承題，兩句破題，擺尾搖頭，便是聖門高弟，可知三通四通是何等文章，漢祖唐宗是哪朝皇帝？案上放高頭講章，店裡買新科利器，讀得來肩背高低，口角唏嘘，甘蔗渣嚼了又嚼，有何滋味？辜負光陰，白白昏建一世。就教他騙得高官，也只是百姓朝廷的晦氣！」

中法戰爭中，法軍炸毀鎮南關城牆及附近的清軍防禦工事，臨走前在關前的廢墟上豎了一塊木牌，上面寫道：「尊重條約較以邊境門關保護國家更安全，廣西的門戶已不再存在了。」清軍隨後也在同樣的地方豎起一塊木牌：「我們將用法國人的頭顱重建我們的門戶！」

西元一八七九年，美國前總統格蘭（Ulysses S. Grant）特訪問中國，隨行記者楊約翰寫道：「恭親王與之前我所見過的東方王子及政治家們不同，他十分生動。這是一個機敏的男人，直覺敏銳，意志堅定。印度和穆斯林的王子，以及我們在印度斯坦和埃及的朋友們，往往是呆板地坐著，整個談話中面容呆滯，令你以為是在和石頭對話。但是，恭親王在談話中，卻表情豐富，十分生動。天很熱，他邊說話邊搖著摺扇，說到興起的時候，他就將摺扇半合著，指著格蘭特將軍的手臂，同時，用熱切的目光注視著將軍的臉。」

馬克思當年評價中國：「一個人口幾乎占世界三分之一的幅員廣大的帝國，不顧時勢，仍然安於現狀，由於被強力排斥於世界聯繫的體系之外，孤立無倚，因此，極力以天朝盡善盡美的幻想欺騙自己，這樣一個帝國，終於要在這樣一場殊死決鬥中死去。」

第六章：太平天國

西元一八五一年（咸豐元年）一月十一日，洪秀全在廣西桂平金田起義。起義軍稱太平軍，洪秀全稱天王。弔詭的是，一千多年前的唐朝有本書叫《推背圖》，早就預料到了這場農民起義。其中「頭有髮，衣怕白，太平時，王殺王」。「頭有髮」，太平軍留長髮，被稱為長毛；「衣怕白」，太平軍戰士不穿白衣。「太平時，王殺王」即指後來的天京事變。《推背圖》中記載：「太平又見血花飛，五色章成裡外衣，洪水滔天苗不秀，中原曾見夢全非。」竟然連洪秀全的名字都預料到了。

洪秀全小時候與駱秉章一塊唸書，洪秀全說：「我長大了一定造反。」駱秉章答：「你要造反我一定平定你。」洪秀全說：「你沒能力平定我。」駱秉章答：「我也許不能平定你，但我至少能舉薦代替我平定你的人。」

洪秀全當年因為考不上秀才而大病一場，最後撕爛了聖賢書，大罵：「再也不考清朝試，再也不穿清朝服，老子以後要自己開科取士！」於是洪天王就另立門戶，走上了造反的道路。

洪秀全第三次科考失敗後，碰見一個算命的，對他說：「你非功名之人，但貴不可言，希望自愛。」

西元一八四七年，洪秀全來到一座九仙廟，賦詩一首：朕在高天作天王，爾等在地為妖怪。迷惑上帝子女心，靦然敢受人崇拜。上帝差朕降凡間，妖魔詭計今何在？朕統天軍不容情，爾等妖魔須快走。

洪秀全的天王府前掛有兩副對聯：「維皇大德日生，用夏變夷，待驅歐美非澳四洲人，歸我版圖一萬統；於文止戈為武，撥亂為正，盡沒藍白紅黃八旗籍，剝諸藩服千斯年。」另一副是李秀成寫的：「馬上得之，馬上治之，造億萬年太平天國於弓刀鋒鏑之間，斯誠健者；東面而征，南面而征，救廿一省無罪順民於水火倒懸之會，是日仁人。」

洪秀全對自己的姓氏解釋道：「爺立永約現天虹，天虹彎彎似把弓。彎彎一點是洪日，朕是日頭故姓洪。」

英國人佛里茲對洪秀全歪解基督教義極為不滿：「教宗要能懲治洪秀全，早把他燒死了。他總是胡亂解釋《聖經》，我就與他辯論，如果他無理可辯了，他就說他到過天而你沒有，所以請你閉嘴，然後他發作他的神學歇斯底里症。」

潘旭瀾說：「洪秀全沒有統一中國，絕非中國的不幸，本質上洪秀全的蒙昧主義，非文化，反人類進步潮流的君權加神權統治，只能對中國走向近代文明造成極端嚴重的阻塞。」

洪秀全的一首詩：「手持三尺定山河，四海為家共飲和。擒盡妖邪掃地網，收殘奸宄落天羅。東西南北敦皇極，日月星辰奏凱歌。虎嘯龍吟光世界，太平一平樂如何。」

李秀成認為，洪秀全並不是天國的創造者，「開國者」，馮雲山也。他在《李秀成自述》裡說：「南王馮雲山在家讀書，其人才幹明白，前六人之中，謀立創國者出南王之謀，前做事者皆南王也。」

曾國藩帶兵把選將當作第一要務，他說：「行軍之道，擇將為先。得一將則全軍振興，失一將則士氣消阻。」治軍上以「勤」字為先：「身勤則強，逸則病；家勤則興，懶則衰；國勤則治，忘則亂；軍勤則勝，惰則敗。」馭將上以「誠」字為先：「凡正話實話多說幾句，久之人自能亮其心，即直話亦不妨多說，但不可以訐為直，尤不可背後攻人之短，馭將之道最貴推誠，不貴權術。」

曾國藩說：「身為主帥，如果處處為自己著想，好處自己撈，危難別人上，貪生怕死，那麼部下不可能為你賣命。只有在危難時捨生取義，與部下同生死的主帥才能激起部下同仇敵愾之心，使其效死力。」

湘軍不敵太平軍，被擊潰，曾國藩十分羞愧，投水自盡，被部下救起後說：「多此一舉！」事後左宗棠來找他，說：「聽說你跳河了，是真的嗎？」曾國藩：「是。」左宗棠：「好哇！你可真是一個不忠不孝不仁不義的曾滌生（曾國藩字滌生），為什麼你不作大丈夫，卻做愚夫、村婦做的事？你若真死了，我也絕不放過你，我會勸令尊不讓你埋在曾家祖墳裡。」

西元一八六二年，曾國藩派李鴻章率兵去上海，他說：「你這一去，我雖可以高枕無憂，但從此我失去了一個得力助手呀！」李鴻章謙虛的說：「老師這人才濟濟，勝過我的有很多。」曾國藩答：「不過現在湘軍人手不夠，你這一去我沒有兵給你呀，讓你做統帥，兵就由你解決了。」李鴻章這才明白過來，原來自己就是個沒有下屬的光桿司令。不過他並不氣餒，四處招兵，兩個月招了兩萬人，這就是淮軍。

洪秀全每頓飯必備二十四牲，即六禽、六獸、六鱗、六介。禽是鴿、雀、雉、鷹之類，而雞鴨不能充數；獸是牛、羊、獐、兔之類，而豬肉不在其列；鱗是魴、鯉、鱘、鰉之類；介是蝦、蟹、蛤、鱉之類。每日變換，不能重複。一頓飯下來，少說也得幾千兩銀子。牲禽烹煮好後，在食用之前，還必須要把原來的羽毛覆蓋在上面，遠遠望去有如活物一般，直到吃的時候方才拿去。

英國人羅孝全 (Issachar Jacox Roberts) 見過洪秀全，他對於洪秀全的印象如此寫道：「洪秀全性格暴躁，將他的暴怒重重的發洩在人民頭上，使一個男子或婦女因為一句話便成為罪犯，未經審判就將其立即處死。我並非單純從個人角度反對洪秀全，他一直對我很和善，但我相信他是一個狂人，沒有任何有組織的政府，根本不配做一個統治者。」

洪秀全創立的拜上帝會的宗教理論與基督教義出入頗大，「三位一體」的原意是指「聖父、聖子、聖靈」三位一體，而洪秀全卻想當然地認為是分開的三個神，而且還自命為「天父幼子」，後來還給天父上帝添了幾個兒子，如東王楊秀清、南王馮雲山等。倘上帝有知，不知會做如何感想？

洪秀全有妻妾八十八人，加上各類妃女、元女、嬪妃、女官、女司，總計有兩千三百多名婦女在天王府陪侍洪秀全一個人。從四十一歲進南京到五十二歲自盡，洪秀全在全是美女的天王府中過了十一年，期間從未走出天京城門一步。

英國人曾質問洪秀全自稱是耶穌的弟弟是什麼意思？楊秀清反詰他們五十個問題：「你們這些外國人自以為拜上帝的時間長，但你們可曉得上帝有幾高大？腹幾大？生何鬚？鬚何色？鬚幾長？會題詩否？耶穌長子今年幾歲否？耶穌生有幾女否……」一系列的問題讓英國人啞口無言，最後落荒而逃。

太平軍占領武昌時，天天派人在閱馬場進行宣教活動，內容多為天父功德、天王勤苦、東王操勞等，讓大家跟著太平軍造反起義。有一次，一個士人站出來，指斥其宣傳內容離經叛道。太平軍的辯論家們一一敗下陣來，惱羞成怒之下，將此人抓起來準備「五馬分屍」。不料臨時抓來的馬沒受過「分屍」訓練，分了半天也沒把人弄成五塊，太平軍不耐煩，下臺一刀砍死了這個異議者。

太平天國占領武昌後開科取士，東王楊秀清任主考官。考題為：「太平天國天父天兄天王為真皇帝制策」，全榜中者六百餘人其中一劉姓者寫道：「三皇不足為皇，五帝不足為帝，唯我皇帝，乃真皇帝。」東王楊秀清對此文大加嘆賞，遂點為狀元。

太平天國時期，女軍多不纏足。太平軍東征時，女將蘇三娘率領女軍率先攻入鎮江，時人有詩讚曰：「八百女兵都赤腳，蠻衿紮褲走如風！」

太平天國時期，流傳著許多歌頌洪秀全和太平軍的歌謠。太平軍打敗清朝提督向榮後，當地便有歌謠唱道：「不怕向榮兵馬足，天軍引他到山麓；好比蕃薯進火灶，大大小小一灶熟。」也有歌頌天王洪秀全和東王楊秀清的：「洪楊到，百姓笑，白髮公公放鞭炮，三歲孩童扶馬鞍，鄉里大哥吹角號。」太平軍攻下上海南橋後，也有歌謠唱道：「南橋南橋，兩下兵交，活捉洋鬼，洋槍當柴燒。」「長毛（太平軍）一來，生活好過。撐口（指田）要分，單紙（指田契）丟路；大家平等，沒有富戶。」

《原道醒世訓》中，洪秀全宣傳說：「天下多男人，盡是兄弟之輩；天下多女子，盡是姐妹之群；何得存此疆彼界之私，何可起爾吞我並之念？」

洪秀全《天父詩》第二十四：「一眼看見心花開，大福娘娘天上來。一眼看見心亮起，薄福娘娘該打死。」洪秀全《天父詩》第三十七：「狗子一條腸，就是真娘娘。若是多鬼計，何能配太陽。」洪秀全《天父詩》第三百七十八：「只有媳錯無爺錯，只有嬸錯無哥錯。只有人錯無天錯，只有臣錯無主錯。」

太平天國統治下的百姓生活困苦，〈豬換婦〉中如此寫道：朝作牧豬奴，暮作牧豬婦，販豬過桐廬，睦州婦人賤於肉，一婦價廉一斗粟。牧豬奴牽豬入市場，一豬賣錢十數千，將豬賣錢錢買婦，中婦少婦載滿船，蓬頭垢面清淚漣。我聞此語坐長嗟，就中亦有千金軀，嗟哉婦人豬不如。

洪秀全曾寫過一首勸誡戒酒戒鴉片的詩，內容如下：「煉食洋煙最癲狂，如今多少英雄漢，多倍煙槍自從傷；即如好酒亦非正，成家宜戒敗家湯。請觀桀紂君天下，鐵桶江山為酒亡。」

洪秀全的天王府中，服侍的僕役全是女官，不是天王府不願意用太監，而是閹割這門技術太複雜。有一次，天王府閹了八十個人，結果死了七十七個人，剩下的三個也成了廢人，這才作罷。

楊秀清布告南京百姓，說：「人人要認識天父，歸順天王，一同打江山，共享天福。人如果不知敬天，天父會大怒，到時會發洪水。」還在各家門口上寫「人人拜上帝，個個上天堂，快來快來拜上帝。」

英國人這樣記述洪秀全統治下的天京城：「南京男女比例為一比二，洪秀全的部下似乎在得勝後的大屠殺中極具慧眼的把美女全部留下來了，我們幾乎看不到老嫗和女童。」

楊秀清被分為東王，本應在天王之下，但他時不時地「咂當」一聲倒地，搖身一變，以「天父」下凡的名義，直接越過洪秀全給部眾發號施令，甚至訓斥洪秀全。洪秀全對此只能是啞巴吃黃連——有苦說不出。如果揭穿楊秀清的把戲，大家都露餡了。如果楊秀清不是「天父天兄」下凡，洪秀全又算什麼上帝次子呢？

太平天國實行森嚴的封建等級制度：所有受封為王的，不論等級，不分有職無職，一朝受封，立即修王府，選美人，辦儀仗。東王楊秀清更是窮奢極用，出行時乘轎需要三十二個人抬，轎夫穿華衣華服。每次出門，隊伍前扈從打著繡有青白二巨龍的旗仗，鼓樂齊奏。如各官、兵士迴避不及，當跪於道旁，如敢對面行走者，斬首不留；凡檢點、指揮各官轎出，卑小之官、兵士，亦照列王規矩，如不迴避或不跪道旁者，斬首不留。

洪秀全妻妾成群。一次，有士兵偷窺天王與妃子們的男女之事，洪天王大怒，下令處死。楊秀清「咂當」一聲倒地，再次以天父下凡的名義訓斥洪秀全：「爾與兄弟打江山，殺人大事，何不與四弟（即楊秀清）商議！？此須重罰！」洪秀全有苦說不出，跪下認罰。所幸有眾兄弟下跪求情，並願意替天王受罰，洪秀全這才免於一打。

楊秀清野心膨脹，想迫使洪秀全禪位，於是假裝生病。洪天王去探望，看到楊秀清仰臥在臥室內，旁邊有四個美女服侍。洪天王假意寬慰東王好生養病，楊秀清卻假裝說夢話：「都說天無二日，人無二主，秦時二日相鬥，這是為何？」洪秀全大驚，忙命手下人對楊秀清叩首，山呼東王萬歲。

楊秀清有一次假稱「天父」下凡，訓斥洪秀全：「四弟楊秀清如此大的功勞，如何才九千歲？」洪秀全驚恐之下答道：「應是萬歲。」楊秀清又說：「那東王世子呢？」洪秀全連忙說：「也是萬歲，世代都是萬歲！」楊秀清很滿意，於是變回原形說：「我做萬歲，你做萬萬歲！」

洪秀全知道楊秀清殺機已露，連夜寫下血書詔，召韋昌輝、石達開速回天京護駕。韋昌輝與秦日綱得令後率三千精兵晝夜兼程，深夜趕到天京城外。守城士兵說沒有東王的令箭，不得開門。韋昌輝大怒：「我就是奉了東王的密書，才星夜趕來，你們不想活了嗎？」守城士兵開門後，韋昌輝大呼：「奉詔討賊，順從者散去，不加罪！」將楊秀清滿門抄斬。

太平天國的北伐軍由於孤軍深入，後援斷絕，陷入絕境，最終失敗。清軍到處搜尋北伐軍統帥林鳳祥，最終在一處帳篷下查到一個道地入口。一個姓施的廚師自告奮勇下去檢視，發現下面是一處寬廣的洞，生活設施一應俱全，還儲藏著一個月的糧食。裡面的人準備殺死他，林鳳祥說：「洞口已破，天意可知，殺他無益。」遂降，後被僧格林沁押到北京，凌遲處死。

北伐軍統帥李開芳臨死前慨然說道：「自出天京，所向無敵，清妖不堪一擊，滅亡就在眼前。」

石達開得知天京事變後立即趕回天京，他見韋昌輝嗜血濫殺，好言勸道：「楊秀清謀反篡位，死不足惜。但那些廣西老鄉，大都無罪，你不分青紅皂白就把他們都殺了，弄得人人自危，這是讓親者痛，仇者快。」韋昌輝聽後心裡很不爽，準備除掉這個對手。石達開提前得知消息，連夜用繩子爬出城牆逃走，但其家人卻被北王屠戮殆盡。

天京事變後，石達開在城中鬱鬱不得志，手下有個謀士對他說：「大王既然深得軍心，何必在此受制於人?中原不易拿下，何不挺進四川，做一番當年劉玄德的鼎足之業?」石達開深以為然，於是決心離開天京，自立門戶。他在路上發榜，哭訴了他在天京所受的不公正待遇，他的組織一下子壯大到了十萬人。

天京事變加上石達開的出走，太平天國的菁英損失大半，元氣大傷，軍中流傳著一首歌謠：「天父殺天兄，總歸一場空；打打包裹回家轉，還是做長工。」還有百姓說：「天父殺東王，江山打不通，長毛非正主，依舊讓咸豐。」

洪秀全將韋昌輝五馬分屍後，又逮捕處死同黨秦日綱，派人將二人首級送至石達開軍中，並將韋昌輝的屍體割成兩寸左右的小塊，並標上「北奸肉，只准看不准取」的字樣，掛在天王府外柵欄示眾。

太平軍衝鋒時的口號：「放開膽子，有天父看顧，有天父保佑。」「爾（清軍）有十分命，只有一分膽，我只一分命，卻有十分膽。」

太平軍見清軍的船大炮猛，有些驚恐。石達開說：「不要怕，大家看見的是妖兵的優點，而沒有看出妖兵的缺點，妖船船堅炮利，我船小炮弱，這是妖兵的長處，我們不要在這方面與敵爭鋒。妖兵出長沙後連陷夏州、武昌，一直沒有休整，犯了兵家大忌。現在我九江屹立不動，而妖兵竟跨越九江來犯湖口，既久戰疲憊，又恃勝驕傲，疲兵易制，驕兵必敗，妖兵已在我掌握中，我們就要打垮他們了。」

石達開說：「曾國藩沒有多少兵家謀略，靖港之戰就暴露了他的短處，但這個人至少顯出兩個長處，一是治軍嚴明，他的湘軍是能打惡仗、硬仗的，對百姓雖不是秋毫無犯，但並不侵害，這比綠營兵好很多。二是博採眾長，郭嵩燾、左宗棠一干人都為他出謀劃策，更不必說還有塔齊布、羅澤南、彭玉麟這些人，他能虛心聽取別人主張，兼聽則明哪！所以自靖港之敗後他打仗越來越穩健持重了！」

西元一八五八年，清軍將軍都興阿率軍攻安慶，浙江布政使李續賓克潛山、桐城、舒城，攻三河鎮。陳玉成得知消息後說：「我安慶屹立如山，廬江仍在我軍手中，三河在我內部。李妖（李續賓）孤軍深入，前後受敵，恰好似野獸投入陷阱，他既來送死，我們就要在三河把妖兵全部滅掉。眾弟兄殺妖立功在此一舉。」

陳玉成擊敗湘軍，李續賓聞訊欲領兵來救，被部下阻攔，他說：「我自用兵以來只知向前，不知退後，即便戰死，也是我輩帶兵人的本分，明日必要擊敗長毛，除非死才罷休！」

三河之戰，湘軍六千人被李秀成、陳玉成和吳定規率領的十幾萬太平軍圍困，外圍湘軍友軍又將太平軍牽制住。但最裡面的李續賓部浴血奮戰，仍無法突圍，不禁嘆道：「今日敗了，是我殉國的時候了。」隨即衝入太平軍軍陣，壯烈犧牲（一說自縊）。

陳玉成打仗時勇猛果斷，有一次被清軍在長江上游圍困，陳玉成說：「清妖只不過是泥塑的，紙紮的，擋我者死！弟兄們奮力向前衝啊！」帶頭衝鋒，最終大敗清軍。東王楊秀清得知後說：「陳玉成一身是膽，趙子龍都比不上他！」

安慶之戰後，陳玉成從安慶退至廬州，準備反攻。西元一八六二年五月，由於叛徒出賣，陳玉成被俘，慨嘆道：「太平天國去我一人，江山也算去了一半，我死，我朝不振矣！」

梁啟超把李秀成與李鴻章作對比，說：「二李都是近代英豪，李秀成忠於本族，李鴻章忠於本朝，一封忠王，一個謚號文忠，都當之無愧。李秀成的用兵、政治、外交都不比李鴻章差，但二人一敗一勝則是天意。」他還說：「李秀成真豪傑哉！在金陵城破前，危在旦夕，李秀成猶能率數百健兒突圍決戰，在金陵城破，他能將好馬讓給幼主，有與國共存亡的志向，即使是古代的大臣儒將有誰能超過他？如果李秀成處在洪秀全的地位，今日之天下是誰的還很難說。」

西元一八五四年十月，曾國藩攻入武昌時，滿眼斷壁殘垣。郭嵩燾愴然嘆息，曾國藩卻意氣風發說：「想當初你勸我從戎，我勉強出山，原不曾想會剿賊，更不想會有今日。」郭嵩燾道：「曾帥春風得意，只是蒼生奈何？」曾國藩：「大丈夫也像小女人那樣說話嗎？兵者是凶器，聖人不得已而用之，既要攻城略地就免不了要殺生靈。」

西元一八五四年，湘軍攻占武漢後，咸豐帝十分高興，「不意曾國藩一書生，乃能建此奇功！」準備任命曾國藩署理湖北巡撫。這時有個漢人出身的軍機大臣祁寯藻在旁邊說了壞話：「曾國藩以侍郎在籍，猶匹夫耳。匹夫居閭里，一呼蹶起，從之者萬餘人，恐非國家福也。」咸豐帝聽後猛然醒悟，從此再也不提這事了。

曾國藩在總結湘軍取勝之道時說：「湘軍之所以無敵，都靠彼此相顧救，即使平時有積怨，有深仇，但臨陣時仍能彼此照顧，即使上午發生口角，下午仍能彼此救援。」

鎮南關大捷後，老將馮子材正準備一舉收復河內、太原時，清廷下達了「乘勝即收」的命令。清軍將士聞訊後捶胸頓足，跑到將帥帳外，寫血書請戰。時人諷刺清廷：「十二金牌事，於今復見之。黃龍將痛飲，花目忽生期。」湘軍將領彭玉麟也嘆道：「老臣抗疏千行淚，一夜悲歌白髮生！」

湘軍被太平軍的凌厲的攻勢打得節節敗退，將領李續賓殺了幾個逃兵後說：「身為軍人，只能戰勝或戰死，絕不能投降，不能逃跑，否則何以為軍？今天攻打半壁山，只能勝，勝則生，如果敗了，有死而已，我也和你們一樣！」而後他大喊：「弟兄們，今天我們豁出去了，誰要向後逃命，格殺勿論！大家打贏這仗，我為大家請功！」湘軍的勇氣和血性被激發出來，結果逆襲，反敗為勝。

李秀成被俘後，曾國荃為洩私憤，在審訊李秀成時「置刀錐於前，欲細割之」，李秀成不語，曾國荃大怒，命人刀割他的手臂和腿，流血不止，李秀成說：「曾九，我們各為其主，而天下事興滅無常，你今日偶爾得志，何得對我如此狠毒？」隨後他被送到曾國藩那，最終遭殺害。臨死時李秀成對曾國藩說：「要注意洋人對中國的吞併企圖，清朝早晚會被外患所迫。」

西元一八五三年五月，太平天國做出北伐的決定，統帥林鳳祥、李開芳率兩萬北伐將士唱著歌從揚州出發開始了北伐的征程。歌詞為：「爭天下，打天下，窮爺們天不怕地不怕，殺到天津衛，朝廷好讓位，殺到楊柳青，皇帝爺發了昏。」

李秀成被俘後，趙烈文在審問時有這樣一段對話。趙烈文問：「十一年秋，爾兵至鄂省南境，更進則武昌動搖，皖圍撤矣，一聞鮑帥至，不戰而退，何耶？」李秀成答道：「兵不足也。」趙烈文又問：「汝兵隨處皆是，何云不足？」李秀成答：「時得蘇州，而無杭州，猶鳥無翼，故歸圖之。」

李秀成在他的供詞原稿結尾部分寫道：「今我國末，亦是先天之定數，下民應劫難，如其此劫，何生天王而亂天下，何我不才而佐他乎？今已被拿在禁，非因天意使然，我亦不知我前世之來歷，天下多少英雄才子，何不為此事而獨我為，實我不知也。如知……」，到此戛然而止，再無下文。

石達開年輕時窮困潦倒，過年時為躲避債主，他在門口貼了一幅對聯：「此歲無錢誰不知？討債人休提半字；樽中有酒莫獨酌，曉事者多送兩壺。」

天京事變後，石達開率軍十萬出走。曾國藩手下李元度寫信給石達開，總結出了石達開的六大錯，欲招降石達開。石達開面對此信，踟躕半晌，寫了數個「難」字，但最終沒有歸順清朝。

石達開被捕後，四川總督駱秉章決定將石達開凌遲處死。臨刑前，駱秉章說：「今天你被殺，對於你而言也值了，你起兵以來我軍封疆大吏死在你手裡的有三人，今天一死了之，還有何恨？」石達開笑道：「成者為王敗者寇，今生你殺我，安知來生我不殺你呢？」

石達開被捕後押往成都。在見到駱秉章前，石達開給他寫信，「求榮以事二主，不是忠臣做的事，捨自己一命來救三軍才是義士必做的。大丈夫生不能開疆拓土，死若可以安民全軍，何惜一死？聽說閣下信義昭著，若能赦免我將士，我石達開一人可以自刎，以保全我的三軍。」然而就在他寫信的同時，他的保留武器的兩千部下在大樹堡被清軍全部屠殺。李秀成曾說：「各王才能平平，我只佩服石達開，他很有謀略。」

西元一八五四年，湘軍與太平軍長江田家鎮進行了一場慘烈的決戰。江面橫貫四道鐵索，湘軍以巨爐大斧熔斷鐵索，焚毀其船隻兩千餘艘，大敗太平軍。曾國藩得知勝利的消息後說：「湘軍建立以來，殲敵未有如此之多，而損兵也未有如此之慘！」

湘軍水師主帥彭玉麟為官清廉，曾經六次辭官，人稱「雪帥」。清代書畫有兩絕，一為鄭板橋的「墨竹」，二為彭玉麟的「梅花」。相傳，彭玉麟幼時與外婆養女梅姑一起玩耍，兩人青梅竹馬，相知相戀，但因八字不合遭家長反對。梅姑出嫁四年後，難產而死，彭玉麟痛不欲生，立誓一生畫梅花十萬餘幅，只為紀念青梅竹馬的戀人。這一畫就是四十年，可見其痴情奇絕，遺世獨立。所謂：「無補時艱深愧我，一腔心事託梅花。」

湘軍水師進攻小孤山時，對面太平軍「緣岸列炮，丸發如雨」。湘軍將士想了很多辦法來躲避炮彈，但都不見效。彭玉麟想出一招：「以血肉之軀，植立船頭，可避則避之，不可避者聽之。」並發揮帶頭作用，說：「今日，我死日也。義不令將士獨死，亦不令怯者獨生矣。」湘軍將士被其視死如歸的氣概所感染，昂然立於船頭，能躲則躲，不能躲則成仁。有俯身或側身躲避的，都被別人視為大恥。

曾國藩曾有一聯贈與彭玉麟：「烈士肝腸名士膽，殺人手段活人心！」又說，「彭玉麟書生從戎，膽氣過於宿將，激昂慷慨，有烈士風。」「若論天下英雄，當數彭玉麟、李鴻章。」

文壇領袖王闓運輓彭玉麟：「詩酒自名家，看勛業燦然，長增畫苑梅花色；樓船又橫海，嘆英雄至矣，忍說江南血戰功。」

馬克思這樣評論太平天國：「除了改朝換代外，太平天國沒有給自己提出任何任務，他們沒有任何口號，他們給予民眾的驚惶比給予舊統治者的驚惶還要厲害。太平天國一點進步意義也沒有，是中國人幻想所描繪的魔鬼化身。但是只有在中國才有這類魔鬼，這類魔鬼是停滯社會生活的產物，他們的全部使命好像僅僅是用醜惡萬狀的破壞來與停滯腐朽對立，這種破壞沒有一點建設工作的苗頭，他們是災星。」

孫中山說：「太平天國純為民族革命的代表，但只是民族革命，革命後仍不免專制，此等革命不算成功。洪氏之覆亡，知有民族而不知有民權，知有君主而不知有民主，即使成功，也不過是歷史上又一個封建王朝而已，根本不值得效法。」

洪秀全提出，天王府服侍的女人有十該打：服侍不虔誠一該打、硬頸不聽教二該打、偷看丈夫三該打、問王不虔誠四該打、脾氣浮躁五該打、講話大聲六該打、有嘴不應聲七該打、面情不歡喜八該打、眼左望右望九該打、講話不悠然十該打。

左宗棠在太平軍打長沙時見過洪秀全，並對他說：「你應該放棄基督教，以春秋攘夷（滿人）之義做宣傳。」但洪秀全不聽。

洪秀全在創立拜上帝會後，從者雲集，其父親也受其影響，受了基督教的洗禮。西元一八四八年，洪秀全的父親去世。臨終時，他對子女說：「我現在上升天堂；我死後，不要請和尚來，不要舉行任何異教俗禮，只要拜上帝，祈禱上帝。」

蘇州陷落的時候，李秀成向洪秀全提出「讓城別走」。但洪秀全聽後勃然大怒，嚴厲斥責道：「朕奉上帝聖旨，天兄耶穌聖旨下凡，作天下萬國獨一真主，何懼之有？不用爾奏，政事不用爾理，爾欲出外去，欲在京，任由於爾。朕鐵桶江山，爾不扶，有人扶。爾說無兵，朕之天兵多過於水，何懼曾妖乎？爾怕死，便是會死，政事不與爾相干。王次兄勇王執掌，幼西王出令，有不遵幼西王令者，合朝誅之。」

李秀成帶領剩餘的太平軍悉數進入天京城後，已成甕中之鱉。天京被圍後，糧食銳減，京城中只有富豪和當兵的有東西吃，窮家男女向李秀成乞食。李秀成將此上奏：「全城無糧，男女死者甚眾，懇求降旨，應何籌謀，以安眾心？」天王號召大家以「甜露」為食。所謂「甘露」，就是各種野草。朝臣說，這東西哪能吃？天王說：「取來做好，朕先食之。」

西元一八六四年五月三十日，五十二歲的洪秀全撒手西去。臨死前，天王還幽默了一把，「朕即上天堂，向天父、天兄領到天兵，保固天京」。洪秀全死後，十六歲的兒子洪天貴福繼位。一個月後，曾國藩把他從地下挖掘出來，所看到的是：「頭禿無髮，鬚尚全存，已間白矣，左股胯肉猶未脫」。

西元一八六四年七月十九日，天京城被湘軍攻破。在一片混亂當中，王后賴氏一手牽著洪天貴福，一手拿著劍，踉踉蹌蹌從天王府中走出，見到李秀成後，對他說：「天王創業一生，想不到今日覆亡，真是天絕我也！這個孩子年紀小，身體弱，就交給忠王你了。」說完，賴氏躍入御河而死。

西元一八六四年，遵王賴文光率軍回救天京，清軍將前鋒部隊頂住後，在陣前大呼：「天京已經被攻破了，你們的天王也早死了，你們抵抗也沒有用處，還不投降？」眾人得知後，軍心大亂，有一半多人都向清軍投降了。扶王陳得才也在隨後的兵變中死於軍中。

天京城破後，幼天王洪天貴福騎著李秀成給他的駿馬，在李秀成的幫助下冒充清軍從城破處拚死殺出，但被清軍衝散，幸好李世賢及時拍馬趕到。這之後，洪天貴福再次和大部隊走散，躲進了山中。因飢餓難耐，十六歲的洪天貴福跟隨難民沿路乞討，不巧誤進了敵營，被人認出。洪天貴福為了免死，寫詩一首：「如今我不做長毛，一心一德輔清朝。清朝皇帝萬萬歲，亂臣賊子總難跑。」但最終還是被江西巡撫沈葆楨處死。

英國駐清朝公使普魯斯（Frederick William Wright-Bruce）對太平天國素無好感，他在向英國政府報告的公函中這樣說：「據我所知，絕大部分的叛軍全都意圖依靠劫奪富裕勤勉的人們為生，他們擄掠婦女，他們的生活時而鋌而走險，時而放縱淫佚。」

李秀成有一次擒獲了清廷的三位官員：米興朝、林福祥和麟趾，對他們三人以禮相待，夜裡常常和他們三人談論世情。麟趾因是滿人，不願在太平軍營中久留，趁夜逃走，李秀成並不追趕。米興朝和林福祥二人也不願留在營中，李秀成只好安排船隻，並各給銀三百兩。兩人不敢要，各領百兩，臨行前寫了封信裡面說道：「今世不能為友補報，來世不忘。」「爾忠王本是出色，未遇明君，可惜，可惜！」

英國駐寧波領事夏福禮（Frederick E. B. Harvey）說：「太平軍從未採取任何一種好政府的方針；從未企圖組織一個政治團體或商業機構。我們在他們的任何一項有關公共的法律之中，看不到任何類似條理、類似正常條例、類似一貫目的的絲毫證據和絲毫跡象。」

李秀成死後，曾經鎮壓過太平軍的洋槍隊英國人戈登（Charles George Gordon）說：「李秀成是太平軍最勇敢的，最富於才情的，最具有進取心的領導者，他的死是最值得惋惜的。」

英國人呤唎（Augustus Frederick Lindley）這樣描寫李秀成：「李秀成的體態是輕快活潑、強健的，有種特別優美的姿態，雖然他個矮。他的舉止態度尊嚴而高貴，他的行動迅速而莊嚴。他的面貌是引人注意的，富於表情的，好看的，他略帶歐洲人的形象。他的輪廓分明的嘴唇表現出絕大的勇氣和決心，他的眼睛可以告訴別人，他是一個偉大的非凡的人物。後來我經常在作戰時看見他，他在指揮時沉著鎮定卻始終不亂。」

西元一八六五年十月，干王洪仁玕在江西石城被清軍俘虜。江西巡撫沈葆楨見他是個人才，派人去誘降他，但被洪仁玕嚴詞拒絕。他在自己的遺言裡說，「今予亦只法文丞相（文天祥）已」，「我鞠躬盡瘁，唯求速死」。臨刑前，洪仁玕賦詩一首：「我今即永逝，一語貽後賢；天國祚雖斷，復生待他年。」

李秀成的詩作一首：「舉觴對客且揮毫，逐鹿中原亦自豪。湖上月明青箬笠，帳中霜冷赫連刀。英雄自古披肝膽，志士何嘗輕羽毛？我欲乘風歸去也，卿雲橫亙斗牛高。鼙鼓軒只動未休，關心楚尾與吳頭。豈知劍氣升騰後，猶走胡塵擾攘秋。萬里江山多築壘，百年身世獨登樓。匹夫自有興亡責，肯把功名付水流？」

李秀成將太平軍失敗的原因歸結為十大失誤：一、李開芳、林鳳祥北伐孤軍深入。二、李開芳、林鳳祥北伐兵敗，派曾立昌、陳仕保、許十八去救，在臨青（清）州戰敗。三、因曾立昌等在臨青戰敗，天國派燕王秦日昌帶兵去救，兵到舒城楊家店戰敗。四、湘潭之戰不應派林紹璋去打，結果全軍敗盡。五、天京事變。六、石達開與洪秀全不合，負氣出走，將精兵帶走，分散太平軍力量。六、洪秀全不信外臣，只用親屬，但他的親屬都沒能耐。七、洪秀全不問政事。八、封王太多。九、國不用賢才。十、立政無章。

曾國藩攻破南京後威鎮天下，功高蓋主。曾國荃、彭玉麟、左宗棠、鮑超等人約集三十餘名高級將領於深夜請見曾國藩，準備擁戴曾國藩出面，反抗清廷。李次清借賀功向曾國藩進聯曰：「王侯無種，帝王有真」；胡林翼借曾國藩壽誕進聯曰：「用霹靂手段，顯菩薩心腸」；左宗棠也曾有一聯：「神所憑依，將在德矣。鼎之輕重，似可問焉！」彭玉麟則直接給曾國藩寫信稱：「東南半壁無主、老師豈有意乎？」但曾國藩卻用句著名的詩句做了回答：「倚天照海花無數，流水山高心自知。」

曾國藩與左宗棠同列晚清四大中興名臣，又是湖南同鄉，關係卻形同水火。曾國藩寫信給左宗棠，用「右仰」作謙辭（古右為尊），左宗棠說：「你用右仰，難道讓我『左俯』（左宗棠俯首）嗎？」弄得曾國藩很尷尬。曾國藩曾作一語調侃左宗棠：「季子敢鳴高，與予意見大相左。」左反唇相譏：「藩臣徒誤國，問他經濟有何曾？」然而名臣畢竟是名臣，曾離世，左的輓聯：「知人之明，謀國之忠，自愧不如元輔；同心若金，攻錯若石，相欺無負平生。」

第七章：洋務運動

西元一八四三年，李鴻章奉父命北上時，豪情滿懷，作〈入都〉詩十首，以抒發胸懷。其一云：「丈夫隻手把吳鉤，意氣高於百尺樓。一萬年來誰著史？三千里外欲封侯。定將捷足隨途驥，哪有閒情逐水鷗？遙指盧溝橋畔月，幾人從此到瀛洲？」

熱心洋務的「鬼子六」奕訢想在京師同文館培養出適合時代的洋務類人才，結果在朝堂上引起軒然大波。御史張盛藻上疏抗議：「天文演算法，宜令欽天監天文生習之；製造工作，宜責成工部督匠役習之。文儒近臣，不當崇尚技能，師法夷裔。」在士大夫們看來，讓讀書人去學這些簡直是儒林之恥。

西元一八六一年十一月，慈禧太后與恭親王奕訢聯合發動辛酉政變，直至年一九〇八去世，統治中國長達四十七年之久。慈禧能夠掌握清廷最高權力達近半個世紀，除了其善於玩弄政治權術，具有翻雲覆雨、為人陰狠等獨特政治手腕外，還與晚清皇統繼承乏人有直接的關係。咸豐一生僅有二子一女，同治、光緒和宣統帝，竟然一生子女皆無。慈禧太后占據新君生母這一有利的地位，使其在與朝臣的政治鬥爭中處於不敗之地。

慈禧太后與恭親王奕訢聯合發動辛酉政變後，奕訢自恃有功，行事愈發張狂起來，有時在用人行政方面獨斷專行，並不與慈禧太后商議。慈禧太后曾對他說：「汝事事與我為難，我革你職。」奕訢卻滿不在乎地說：「臣是先皇第六子，你能革我職，不能革皇子。」為了讓奕訢徹底臣服，慈禧太后採取又打又拉的方式，先依仗皇太后的特殊地位，以欺君藐上的罪名將奕訢罷革，後又以皇太后的特殊政治身分賞還恭親王的爵職。

曾國藩在三十歲以前，基本是個平庸的人，為人傲慢、修養不好，有很多性格上的缺點和毛病。左宗棠就曾在和一些親友的信件中評論曾國藩「欠才略」、「才太短」、「才藝太缺」，「兵機每苦鈍智」。到北京後，曾國藩遇到了很多大儒、大學者，他很受觸動。為學做聖人，他從每天寫日記入手，用工整的蠅頭小楷，把自己每天的所作所為一一記錄下來，在日記中痛自反省，最終脫胎換骨。

李鴻章給恭親王奕訢寫信，建議學習外國利器：「鴻章以為中國欲自強則莫如學習外國利器。欲學習外國利器，則莫如覓製器之器，師其法而不必盡用其人，欲覓製器之器，與機器之人，則我專設一科取士，士終身懸以為富貴功名之鵠，則業可成，業可精，而才亦可集。」

「理學大師」倭仁曾有一句名言，被守舊派們奉為經典：「立國之道，尚禮儀不尚權謀；根本之圖，在人心不在技藝。」

針對奕訢讓同文館的士人學習洋務的提議，倭仁說：「如以天文算學必須講習，博採旁求，必有精其術者，何必夷人，何必師事夷人。」奕訢立刻說，倭仁既然說中國就有精其術者，那就請倭仁來主持同文館，慈禧太后也予以批准。這下倭仁傻眼了，他哪懂得什麼洋務，又哪有什麼人才可推薦呢？最後只得灰頭土臉地開缺請辭。

士大夫們對於京師同文館招收學員學習洋文很不齒，說他們專門引誘儒生為鬼子門徒，其流行侮辱語是「孔門弟子，鬼谷先生」。翁同龢的日記裡記錄了這樣一幅嘲諷同文館的對聯：「詭計本多端，使小朝廷設同文館；軍機無遠略，誘佳子弟拜異類為師。」

西元一八六六年春，六十三歲的旗人斌椿隨時任中國海關總稅務司的英國人赫德(Robert Hart)前往西方考察。不過，總理衙門選擇斌椿出任考察團團長，並不是因為他熱心洋務，只不過清廷始終不放心臣民尤其是漢族和外國人打交道而已。西元一八六四年十月十八日，赫德在他的日記中寫道：「斌椿的第六個兒子上午和我一起讀書一小時：他不知道臺灣在哪裡！」

曾國藩說：「秦漢以來的所謂達官貴人，哪裡數的盡？當他們高居要職時，舉止儀態從容高雅，自以為才智超過他人萬倍，但等到他們死去，就跟當時的雜役、做低下行徑的人一樣，熙熙攘攘的生著，又草草死去，沒有不同。其中有所謂靠功業文章獵取功名的人，他們是泰然自若的自奉高明，竟不知自己跟眼前那些熙熙攘攘的雜役、買賣人一樣，都將要同歸於盡，而沒有絲毫差異，這不叫人悲哀嗎？」

李鴻章在西元一八六五年首先提出要創辦電報事業，卻一直不被批准。清政府所擔心的是：「電線之設，深入地底，橫衝直貫，四通八達，地脈既絕，風侵水灌，勢所必至，為子孫者心何以安？」因此，清廷不批准創辦電報事業時給出的理由是，電報這種時髦新鮮玩意兒，「用於外洋，不可用於中國。」

曾國藩生性詼諧，愛說笑話。他對門下子弟李鴻章和俞樾曾有評語：「李少荃拚命做官，俞蔭甫拚命著書。」李鴻章熱衷官場，亦深得朝廷倚重，歷數十年而不衰，顯然得益於他的為官之道。

科舉制沒被廢除前，京師同文館因是「非正途」，很難找到好學員。曾出使過英意比等國的張德彜是同文館首屆畢業生，但他卻並不以母校為榮，曾這樣告誡後輩：「國家以讀書能文為正途……余不學無術，未入正途，愧與正途為伍；而正途亦間藐與為伍。人之子孫，或聰明，或愚魯，必以讀書為要務。」

張之洞在《勸學篇》中極口稱讚留學外國效果大，說：「出洋一年，勝於讀西書十年；入外國學堂一年，勝於中國學堂三年。留學之國，西洋不如東洋，以路近費省，文字易曉，西書多已刪繁存要；中、日情勢風俗相似，不難仿行。」

唐德剛先生在《晚清七十年》中寫道：「說者以日本明治維新前之社會結構，實與西歐封建末期之社會結構，極為相似；而此一相同之結構則為歐洲『產業革命』之溫床也。日本既有此溫床，蓄勢待發，因此一經與西歐接觸，符節相合，一個東方產業革命乃應運而生矣。此一『歐羅巴社會結構』說，頗能道其契機。」

鑒於中國官員對國際事務與國際法一竅不通，牧師丁韙良翻譯了《萬國公法》。不過，有些自私的外國人卻因此大罵丁韙良，把這麼重要的祕密都告訴中國人了。法國臨時代辦克士可士吉（C. Kleczkowski）得就叫囂說：「這個傢伙是誰？竟想讓中國人對我們歐洲的國際法瞭如指掌？殺了他！掐死他！他會給我們招來無盡的麻煩。」

丁韙良在同文館教英語，因為只有十個學生，所以一度想辭職。總理衙門的官員對他說：「如果你因這個而辭職的話，那你就想錯了。你不會永遠只教十個孩子，而且，你要想想這些孩子今後的前程，他們或許有一天會替代我們的職位。還有，皇帝也許也會學習外語，誰知道哪一天你的學生會被召去教皇帝學英語呢？」丁韙良這才同意留下來。

丁韙良為了把電報介紹到中國來，學習了整套課程並自費買了兩套電報設施到中國來，但總理衙門的官員們卻對這個「奇妙的發明」提不起一點興趣，反而被幾個小玩具逗得哈哈大笑。丁韙良感慨道：「在文學上，他們是成人；在科學上，他們卻仍然是孩子！」

翁同龢在日記中寫到：「皇帝（同治）於酉時崩逝。太后召諸臣入西暖閣。時大臣已盡皆摘去紅纓，身著黑褂。太后諭云：以後是否應該垂簾聽政？樞臣中有人說：宗社為重，請先投賢而立，然後懇乞垂簾。太后又諭：文宗（咸豐）沒有次子，今突遭此變，不宜承嗣年齡長者。應該是年齡較小的，這樣比較容易教育。現在一語即定，永無更改。我太后兩人意見一致。當即宣布，以醇親王之子載湉繼位。醇親王奕譞聞此，驚懼交加，跪地碰頭痛哭，以致昏迷倒地，扶之不能起。」

京師同文館有個叫方根拔（Johannes von Gumpach）的德國教習擔任，性格古怪，一向自負。他擔任天文學教授時，曾揚言要推翻牛頓的萬有引力定律。有一次，方根拔去北京西山度假，途中遇上暴雨，車上的書籍、筆記都散落在泥水中，方根拔痛心疾首說：「唉，這可恨的雨水啊！我二十年的心血被毀於一旦。牛頓的統治又可以苟延好幾個世紀了。」

西元一八七二年三月，湘軍統帥、有中興名臣之稱的風雲人物曾國藩去世。一位故交送上這樣一幅輓聯：「盡瘁武鄉侯（諸葛亮），千秋臣節；望隆新建伯（王陽明），一代儒宗。」

閻敬銘做官時，極其節儉。一次，齊河縣令穿著狐袍來見他，閻敬銘大怒：「你身上的狐袍，想必是百姓的脂膏吧？你難道不知道本官發給各州縣官員要求勤儉的訓令嗎？何以如此大膽！」縣令答：「屬下知罪，但大人有所不知，卑職此袍的價格現在比羊皮褂還便宜。省中承大人指示，大家都爭著買羊皮褂，現在狐皮價格降低，因此我才買了一件。何況，現在省中的官員，上班穿羊皮褂，下班穿狐貂，不過為取悅大人罷了。卑職對此不敢附和。」

閻敬銘在山東任職時，出奇的簡樸。手下的官員實在受不了了，集體找閻敬銘訴苦：「大人為官至清，但這樣下去，我們快沒飯吃了。」閻敬銘聽後很詫異，隨即從衣袖中掏出半個鍋盔遞給眾人：「你們沒飯吃，吃我的。」滿堂的官員集體傻眼。

西元一八七六年後，華北地區出現罕見旱情，李提摩太在日記中記載了他看到的慘劇：「有人磨一種軟的石塊，有些像做石筆的那種材料，磨成細粉後出賣，每斤兩到三文錢。摻上點兒雜糧、草種和樹根，可以做成餅。我嘗了一點這種乾糧，味道像土，事實上這也是它的主要成分。吃了這種東西後，許多人死於便祕。」他所看到的細粉就是觀音土。

西元一八八〇年，直隸總督兼北洋通商大臣李鴻章有一次對李提摩太批評說：「你的教徒無非吃教，一旦教會無錢養活他們，自然散夥。我知道信奉耶穌教的中國人，沒有真正的讀書人在內。」

曾國藩辦兵工廠造武器，在清軍造出開花彈後說：「南宋陳規發明的突火槍是最早的管形火器，是洋槍洋炮的鼻祖，那時洋人還不知火藥是什麼東西。後來洋人走到我們前面去了，我們不能制止洋人前進，但我們可以學習洋人的技術，洋人並不比我們多長一個心眼，他們能做到的我們也能做到。現在造出開花彈，下一步要造炮身，再下一步造輪船，用它對付洋人，這就是我們湖南人魏源的『師夷長技以制夷』。」

曾國藩在剿滅太平天國後說：「三十年前血氣方剛，聲色犬馬，常令我心馳神往，但我求功名，求事業，不能沉湎此間，我痛自苛責，常罵自己是禽獸，是糞土，而使自己警惕。三十年後的今天我身為兩江總督，處事不能憑一己好惡，我要為金陵百姓恢復一個源遠流長、大家喜愛的遊樂場所，要為皇上重建一個人文薈萃、河山錦繡的江南名城。芸芸眾生、碌碌黔首，有幾個能立廟堂，能做大事？我身為金陵之主，怎能不為這千千萬萬凡夫俗子著想？」

明治維新的成功與地方分權自治有很大的關聯。唐德剛先生在《晚清七十年》中寫道：「說者以日本明治維新前之社會結構，實與西歐封建末期之社會結構，極為相似；而此一相同之結構則為歐洲『產業革命』之溫床也。日本既有此溫床，蓄勢待發，因此一經與西歐接觸，符節相合，一個東方產業革命乃應運而生矣。此一『歐羅巴社會結構』說，頗能道其契機。」

日本的明治維新一直都被拿來和東方鄰居同時期的洋務運動做比較。雖然是同時期的改革，但洋務運動最終失敗，明治維新取得了巨大成功。其原因就在於，日本的變法主體較為龐大，推翻幕府是上下聯手多數人革少數人的命，實力強大的武士商人聯盟充當了明治維新的改革主體。洋務運動則是清朝少數有遠見的官員喚不醒多數人的苦澀嘗試，對於一個封閉千年的古老國家來說，洋務運動對原有社會的任何改動都會遭遇到強大的阻力。

圍繞要不要興辦「洋務」，洋務派和頑固派曾發生過激烈的論爭。奕訢設立天文算學館時，頑固派就曾痛斥洋務派這是「用夷變夏」，痛詆西學是「洪水猛獸」。大學士倭仁上書稱：「夷人稱兵犯順，震驚宗社，焚毀圓明園，殘骸眾臣民。是大清兩百多年來未有的奇恥大辱。朝廷飲恨議和，當不忘雪恥復仇，豈能師事夷人。」

洋務運動總的指導思想和政策是「中學為體，西學為用」。前期以「自強」為口號，主要是興辦官辦軍事企業，比較知名的有江南製造局（西元一八六五年）、金陵機器製造局（西元一八六五年）、福建船政局（西元一八六六年）及天津機器局（西元一八六七年）等四大軍工廠；後期以「求富」為目標，在繼續興辦官辦軍事企業的同時，又興辦一些官辦和官督商辦的民用企業，主要發展民用工業，包括近代航運、電線、煤礦、鋼鐵銅鉛等礦的開採與冶煉、紡織業、金融業等。

由於舊體制的掣肘，洋務運動並沒有完成中國歷史上第一次現代化改革，但經過三十年洋務運動，清朝陸軍洋槍數量「甲乎天下」，海軍位列「亞洲第一」。美國漢學家芮瑪麗這樣評價洋務運動：「不但一個王朝，而且一個文明看來已經崩潰了，但由於十九世紀六十年代的一些傑出人物的非凡努力，他們終於死裡求生，再延續了六十年。」

張之洞在初辦冶鐵廠時，委託駐英公使薛福成購買外國的新式設備。薛福成告訴他，根據所用鐵礦石酸鹼性的不同，新式冶煉設備也分不同的種類。應先將冶煉廠所用鐵礦和焦炭樣品寄給製造設備的廠家化驗，然後才能定購。張之洞卻回覆說，中國地大物博，什麼礦不有，還寄什麼樣品，你儘管買一套來。結果設備買來一看，與辦廠用礦的礦質不符。

西元一八六四年，李鴻章給總理衙門寫了一封長信，有三千餘字，流露出了李鴻章洋務思想。他指出：「中國欲自強，則莫如學習外國利器；欲學習外國利器，則莫如覓製器之器，師其法而不必盡用其人。欲覓製器之器與製器之人，則或專設一科取士。士終身懸以為富貴功名之鵠，則業可成，藝可精，而才亦可集。」

西元一八六五年，李鴻章籌辦了近代中國第一個大型兵工廠——「江南製造總局」。在給總理衙門的一封函在，李鴻章闡明瞭中國學習西方技藝的必要性和緊迫性：「各國洋人不但輳集海口，更且深入長江，其藐視中國，非可以口舌爭，稍有釁端，動輒脅制。中國一無足恃，未可輕言抵禦，則須以求洋法、習洋器為自立張本，或俟經費稍裕，酌擇試辦，祈王爺大人加意焉。」

梁啟超把左宗棠與李鴻章做對比，他說：「左宗棠以發揚勝，李鴻章以忍耐勝，論氣量左宗棠遠不如李鴻章。湖南人把左宗棠視為舊黨而與李鴻章抗衡，其實對洋務的見識左宗棠與李鴻章不相上下。左宗棠幸運的是早死了十幾年，不然後來的甲午他也躲不過，然而他躲過去了，使得李鴻章一人背罵名。」

西元一八六一年一月十一日，恭親王奕訢與文祥上奏〈統籌全局酌擬善後章程〉，提出要設立新的外交機構來處理新的外交事務，咸豐帝很快批准了這一奏摺。總理衙門組織結構仿效軍機處，主要由總理大臣和章京組成。首席總理大臣一人，總理大臣無定額，由親王等皇族和軍機大臣兼領。依照負責的事務，總理衙門分成英國股、法國股、俄國股、美國股、海防股，並設有海關總稅務司署、同文館、清檔房、司務廳、電報處及銀庫等各個附屬機構。

李提摩太曾向李鴻章建議，清政府應每年投入一百萬兩白銀進行教育改革，李鴻章說：「中國政府承擔不了這麼大一筆開銷。」李提摩太說：「那是『種子錢』，將來會帶來百倍的收益。」李鴻章問何時能見效，李提摩太答：「需要二十年，才能看到實施現代教育帶來的好處。」李鴻章說：「哦。我們等不了那麼長的時間。」

外國公使覲見同治皇帝時，英使讀了幾句國書，就渾身顫慄。同治問：「爾大皇帝健康？」英使答不出來。同治又問：「你們多次想見我，意圖何在？速速道來。」英使仍不能答。各國使臣按順序捧呈國書。有國書失手落地的，有皇帝問答不來的。出來後，汗流浹背。奕訢對各國公使說：「我說過見皇帝不是兒戲，你們還不信，結果呢？我們中國人，豈如你們外國人輕如雞毛？」

容閎是中國近代史上最早的海歸，他於一八五四畢業於耶魯大學。畢業典禮時，很多人趕來圍觀容閎——第一位獲得美國大學而且是耶魯大學文憑的中國人。回國時，他發現自己竟然已經完全忘記了中文，於是又花了三年時間熟悉母語。當他拿出耶魯大學的畢業證明時，他的母親還似懂非懂地問他這個洋文憑可以領多少獎金。

容閎回國後，在海關翻譯處找到一份工作，月薪七十五兩銀子。有一天，容閎問稅務司的李泰國：「我在海關工作，將來有沒有出路？能升到總稅務司的地位麼？」李泰國搖頭說：「凡是中國人當翻譯的，無論是什麼人，絕沒有這個希望。」容閎聽後，隨即提交了辭職書。李泰國以為是給的薪水太低了，當即給他加到兩百兩，但容閎仍拂袖而去。

海歸容閎懷抱「強國夢」從美國學成歸來，卻在腐敗的晚清官場一無所為，晚年定居美國。他去世第二天，當地報紙刊登了一則消息：「身為學者、政治家及今日新中國運動的先驅者容閎博士，昨日上午十一點三十分，在他的沙京街二百八十四號寓所去世。過去的一年裡，他密切關注著中國的進步變動，這是他畢生努力的目標。星期六，他剛收到孫逸仙博士的一張簽名照片，可惜為時已晚，因容閎博士早已昏迷不醒……」

洋人丁韙良在北京西山同一位滿手老繭的農夫聊天，農夫問道：「你們洋人為何不滅掉清國呢？」丁反問道：「你覺得我們能滅得了嗎？」農夫說道：「當然了」，他邊說邊指著山下面的一根電線，「發明那電線的人就能推翻清國。」

西元一八七四年，首批留美幼童出發時，多數上層官員和家庭對去美國留學並不熱心，「多數父母並不想送他們的孩子去如此遠而且是他們不知道的一塊土地，何況時間又是那麼長，他們以為，那兒的人都是野蠻人。」

第一批留美幼童們到達美國，第一次見過火車時都驚嘆不已：「我實在不明白，什麼樣的車可以在那上面行走，而且據說是被『火』推進著。」

西元一八八五年七月二十七日，左宗棠在彌留之際說：「臣一介書生，蒙咸豐皇帝提拔，歷事三朝，即使馬革裹屍又有什麼悔恨的呢?此次越南和戰，實中國強弱一大關鍵，臣督師南下，迄未大伸撻伐，揚我國威，遺憾平生，不能瞑目。」說罷去世。

左宗棠曾自作輓聯：「慨此日騎鯨西去，七尺軀委殘芳草，滿腔血灑向空林。問誰來歌蒿歌薤，鼓琵琶塚畔，掛寶劍枝頭，憑弔松楸魂魄，奮激千秋。縱教黃土埋予，應呼雄鬼；倘他年化鶴東歸，一瓣香祝成本性，十分月現出金身。願從此為樵為漁，訪鹿友山中，訂鷗盟水上，消磨錦繡心腸，逍遙半世。唯恐蒼天負我，再作勞人。」

慈禧得知左宗棠的死訊後說道：「左宗棠是個不可多得的人才，怎麼這麼快就死了？不過死了也好，因為他太強悍，太無拘束。」

中法戰爭結束後，中國海關總稅務司赫德說：「中法爭端是解決了，條件是所能希望中最易行的，簡單地說，就是承認現狀，這真是：『誰能搶就搶，誰能搶到就算他的！』」

同治親政後就想重修圓明園，預算為一千萬兩白銀。恭親王奕訢上疏請求停工，同治不聽：「我就不停工，你又能拿我怎麼辦？你們還有什麼話可廢？」恭親王又勸諫了幾句，同治大怒：「你這麼喜歡說，朕把皇位讓給你，行了吧？」恭親王又提到同治「微行」（即去妓院）一事。同治帝對恭親王懷恨在心，撤了他的一切職務。慈禧得知後訓斥同治說：「十年以來沒有恭親王哪有今天？」於是同治撤銷上諭，恭親王官復原職。

胡雪巖的成功，得益於在朝廷裡找到了左宗棠這座政治靠山，為左宗棠的湘軍籌措軍需，代購軍火，使他拿到了大筆政府訂單。西元一八六二年光他無償進貢給左宗棠的那二十萬石稻米就價值近百萬。鎮壓太平天國起義、收復新疆、援越抗法等戰事中，背後都有胡雪巖幫購運送新式軍火作支撐。但他最後卻成為左宗棠與李鴻章政治鬥爭的

「犧牲品」，成為李鴻章「排左先排胡，倒左先倒胡」策略的犧牲者。「成也蕭何，敗也蕭何」古語再次驗證。

西元一八八二年，胡雪巖幫助清政府向滙豐銀行借了四百萬兩，其後資金周轉發生困難。盛宣懷暗中指使大戶到銀行提款擠兌，同時讓人四處放出風：積囤生絲大賠血本，阜康銀行倒閉在即。晚清歐陽昱所著《見聞瑣錄》說：胡雪巖囤積大量蠶絲，與洋人爭利，「夷人欲買一斤一兩而莫得」，「夷人謂此次倘為胡所挾，則一人操中外利柄，將來交易，為其所命，從何獲利？遂共誓今年不販絲出口」。

左宗棠非常重視西洋軍事技術。他認為：「舊式槍炮，本已精工，近改用後膛進子之法，進口大而出口反小，致遠取準，更為精妙，其新式則愈出愈奇，實則槍如後膛螺絲開花，已極槍炮能事，無以復加。」他在自己的部隊中裝備了相當數量的西洋兵器，並要求士兵要特別愛惜洋槍：「洋槍、洋炮、洋火、洋藥，不獨價值昂貴，購買亦費周章，凡我官勇，務宜愛惜，不可浪費。」

同治病危，慈禧召集大臣討論皇位繼承問題。翁同龢在日記中回憶：十二月初五日傍晚時分，忽傳太后急召入宮。當匆匆忙忙趕到宮裡時，太陽剛剛落下。隨後同惇親王、恭親王等進入西暖閣見太后。御醫李德立正在奏稟，稱皇帝病情急迫。我當即訓斥之曰，為什麼不用回陽湯。李德立說，已經晚了，只能用麥參散。我說，趕緊灌藥。太后那時只是在哭，泣不成聲。倉促之間，醫生回報說，皇帝牙關緊咬，不能下藥。群臣起而奔入東暖閣。只見同治皇帝閉著眼睛，半躺在病榻上。我上前探視，發現皇帝已然彌留。天驚地坼，哭號良久。其時後到之內廷王大臣，也相繼進入東暖閣，皆哭而退出。

清朝一直沒有國歌，有時把〈頌龍旗〉的軍歌當國歌用，詞曰：「於斯萬年，亞東大帝國！山岳縱橫獨立幟，江河蔓延文明波；四百兆民神明胄，地大物產博。揚我黃龍帝國徽，唱我帝國歌！」後來，嚴復作詞創作了一首大清國國歌：「鞏金甌，承天幬，民物欣鳧藻。喜同袍，清時幸遭，真熙皞，帝國蒼穹保。天高高，海滔滔。」

劉坤一對洋務派「師夷長技以制夷」理念不予認同，他認為抄襲西方技術不如「自力更生」，這種思想可反映在他的講話之中：「為政之道，要在正本清源。欲挽末流，徒廢心力。國朝良法美意，均有成規，因其舊而新之，循其名而實之，正不必求之高遠，侈言更張。大亂既平，人心將靜，有志上理者，其在斯時乎！」

湘軍宿將劉坤一少時家境貧寒，經常吃了上頓沒下頓。一天，友人請客，滿桌美酒佳餚，頗為豐盛。只可惜客人太多，劉坤一擔心吃不飽，便假裝在兩足之間捉蝨子，然後把臭襪子舉在空中，連連抖落。塵垢落到盤碗之中，座客無人再敢下筷。劉坤一遂獨自大嚼一頓，吃飽後揚長而去。

湘軍早期名將羅澤南少時，家境十分貧困，父親不事生產，母親多病體弱，全靠伯父接濟。但伯父家也不寬裕，一件布袍來來回回竟曾當走過七次。年少的羅澤南卻並不氣餒，發奮讀書。十一歲那年，羅澤南根據家門左邊是藥店、右邊是染坊的地理特徵，寫了副門聯：「生活萬家人命，染成五色文章」。

梁啟超嘗盛譽曾國藩曾文正公：「文正固非有超群絕倫之天才，在並時諸賢傑中，稱最鈍拙。其一生得力在立志自拔於流俗，而困而知，而勉而行，歷百千艱阻而不挫屈，不求近效，銖積寸累，受之以虛，將之以勤，植之以剛，貞之以恆，帥之以誠，勇猛精進，堅苦卓絕。」

張德彝一生八次出國，他勤於筆耕，詳述海外之「奇」，從《航海述奇》到《再述奇》、《三述奇》。不過，張德彝身為外交家，固執地盤踞在傳統裡，拒絕向近代知識分子轉型。一九一九年，這位年過七旬的資深外交官以「宣統十年」為年號，向時年十三歲的廢帝溥儀敬呈臨終遺摺，稱：「臣八旗世僕，一介庸愚……瞻望闕庭，不勝依戀之至！」

美國卡爾（Katharine Augusta Carl）《慈禧寫照記》（*With the Empress Dowager*）說：「慈禧喜歡讀有英雄氣、悲壯的詩，最崇拜花木蘭。慈禧記憶力好，對於古名家詩文能滔滔不絕的背誦，如數家珍，我們西方人的記憶力比不了她。有時慈禧在頤和園泛舟，還拿著本書在看。慈禧還會編劇本，她看自己寫的劇本排成戲後看到喜劇處常哈哈大笑。慈禧擅長書法，一天我去見她時看她在寫福祿壽三字，筆力剛勁，沒有絲毫女人之氣，揮毫時腕力之強，下筆之速，令人嗟嘆。慈禧會插花，她能把少量鬧花紮成各種鳥的形狀，她穿的衣服也都是自己設計的……」

第八章：甲午悲歌

西元一八七三年五月，李鴻章就發出感慨：「臣竊唯歐洲諸國，百十年來，由印度而南洋，由南洋而中國，闖入邊界腹地，凡前史所未載，亙古所未通，無不款關而求互市。我皇上如天之度，概與立約通商，以牢籠之，合地球東西南朔九萬里之遙，胥聚於中國，此三千餘年一大變局也。」

日本首相伊藤博文曾評價李鴻章為：「大清帝國中唯一有能耐可和世界列強一爭長短之人。」

日本明治維新伊始，就確定了對外擴張的軍國主義國策。在擬訂侵略朝鮮計畫的同時，開始推行向中國侵略擴張的計畫。甲午戰爭爆發前，長州藩士吉田松陰就曾狂妄地叫囂：「一旦軍艦大炮稍微充實，便可開拓蝦夷，曉喻琉球，使之會同朝覲；責難朝鮮，使之納幣進貢；割南滿之地，收臺灣、呂宋之島，占領整個中國，君臨印度。」

西元一八八二年八月十五日，山縣有朋說：「歐洲各國與我國相互隔離，痛癢之感並不緊迫。作為日本的假想敵國，並與日本相對抗的是中國。因此，日本要針對中國充實軍備。」

西元一八八五年，日本首相伊藤博文說：「至云三年後中國必強，此事直可不必慮，我宜速節冗費，多建鐵路，趕添海軍……三五年後我國官商皆可充裕，當時看中國情形再行辦理。」

「長崎事件」後，日本決心大力發展海軍。西元一八八七年三月十四日，明治天皇敕令：「朕以為在建國事務中，加強海防是一日也不可放鬆的事情。然而從國庫歲入中尚難以立即撥出鉅款供海防之用，故朕深感不安。茲決定從內庫中提取三十萬日元，聊以資助，望諸大臣深明朕意。」首相伊藤博文也發表演說，呼籲國民捐款捐物，節衣縮食，為日本打造海軍貢獻力量。

光緒年間，刑部侍郎剛毅說：「漢人強，滿人亡；漢人肥，滿人瘦」。這句話反映了滿清貴族對漢人官僚興起後的恐懼。換句話說，清廷並不希望漢人官僚過於強大，因為這會威脅到滿人的統治。

明治維新後，日本多次派人來中國商議條約，李鴻章將中國所擬的條約草案遞交伊達宗城。伊達宗城對條約中規定日貨不能運入內地，日人不能入內地購買土產，以不同於中國和西方各國簽訂的條約為由提出異議。李鴻章說：「華人前往西國，隨處通行，並無限制。今日本係以八個口岸與中國通商，華人既不能到日本內地貿易，日本豈應入中國內地貿易？此係兩國一致，確乎公允，何得引西約為例？」伊達宗城被駁得啞口無言。

西元一八七一年，琉球的兩艘進貢船在駛往中國的途中不幸遇暴風，一艘漂到臺灣，登陸的五十四名被臺灣原住民殺死。第二年，四名日本人也遇難漂到臺灣，被原住民殺害。消息傳到日本，朝野大譁。樺山資紀找到桐野利秋說：「我國民和琉球民無故遭到臺灣民的慘殺，此仇不可不報，否則日本在世界上還有什麼面子？」桐野利秋：「此事政府一定會有相應的措施，我定將你的意見反映到陸軍省。」樺山資紀搖頭說：「不行，那要等到什麼時候？我的心激動得快要跳出來了，等不及那麼長的時間。」桐野利秋安慰說：「別太激動，這是有關國際的大事，不能輕率從事。你先回去吧。」

西元一八七二年四月，日本小田縣民四人，在海上遇難漂到臺灣，被原住民殺害。日本朝野對此耿耿於懷，加快了侵臺行動，陸軍省大輔西鄉從道準備出兵臺灣。日本駐廈門領事轉送給浙閩總督李鶴年一封信，聲稱假道至臺灣向「生番」問罪。李鶴年回信說：「臺灣全島為我所管領，『土番』犯禁，我自有處置，為何要借日本兵力？至於貴國的四名遇害者，曾受我臺灣府吏的救護，怎能以怨報德！請速收兵，勿啟兩國之釁。」

甲午戰爭時日本人說：「清軍（淮軍）軍事水準低劣，但攜帶武器全為毛瑟槍等精良槍械，步兵散開後以大旗為號才開始射擊，沒有排槍也不設預備隊，射擊時也不考慮利用地形隱蔽和使用跪射或臥射，一律為了保持隊形而採用站射。」自然而然地，清軍就成了日軍的活靶子。

西元一八八〇年日軍參謀總長山縣有朋說：「清國平時可徵兵兩百四十五萬，戰時可達八百五十萬人，所以我們更應發憤圖強。」

李鴻章最早意識到，崛起的日本是中國的一大隱患，不能等閒視之。在給朋友的私信中，李鴻章指責「日本議約甫定，忽又派人來津商改，狡黠可惡。」同時，對其明治維新後的奮發圖強又與中國比鄰深以為憂，認為：「該國上下一心，皈依西土，機器、槍炮、戰艦、鐵路，事事取法英美，後必為中國肘腋之患。積弱至此，而強鄰日逼，我將何術以處之？」

西元一八七四年，日本在長崎專門了設立臺灣事務局，密謀策劃武裝侵略臺灣的活動。不料美國公使芬堪對日本說：「貴國發兵進入中國領土，中國必以為侵犯邊境；貴國僱用我國輪船和人民，中國必以為我國援應。我與中國也曾訂盟，應守中立公法。

故凡屬美國所有，全部收回。」英國公使也反對日本侵臺。於是日本內閣急派人趕到長崎，阻止出兵。

日本欲侵略朝鮮，又恐清政府的干涉，於是派副島種臣到北京試探清政府的態度，向總理衙門問道：「朝鮮是否中國的屬國？若是屬國，則應該主持朝鮮和我國通商。」總理衙門回答道：「朝鮮是我國藩屬，但內治外交聽其自主，我朝向不與聞。」副島種臣十分高興，將此事告知明治政府，強迫朝鮮訂立了《江華條約》。

西元一八八四年日本人在朝鮮發動政變，袁世凱說：「不入虎穴，焉得虎子！現在請緊急發兵，我率軍打入朝鮮宮中，除掉亂黨，保護朝鮮王，再作計較！」吳兆有：「朝鮮宮內有日軍把守，恐怕不易攻入。」袁世凱：「幾個日本兵，怕他什麼？」張光前：「袁公打算先聲奪人，不知吳軍門以為如何？」吳：「這個計畫還行，但必須請示李中堂，方好下手。」袁：「救兵如救火，如果請示李中堂，一定會貽誤戰機，如果日本走了先著，對我們就不利了。」

甲午戰爭前，日本明治維新的功臣江藤新平就曾對侵略中國做出過具體構想：「宜先與俄國提攜，將朝鮮收下，進而將支那分割成南北兩部分；將北部讓給俄國，將南部收歸我日本所有。以十年為期，在支那內地敷設鐵路，待經營就緒，即驅逐俄國，聖天子遷都北京，從而完成第二次維新之大業。」

西元一八七九年十月，琉球國王尚泰被日本人擄走，三名琉球使者不遠萬里，遠渡重洋，來到天津的總理衙門前長跪不起，誓死要面見李鴻章。他們給李鴻章呈上一篇長長的請願書，整篇文章可謂是聲聲帶血，字字含淚，總結起來只有一句話：懇請大清王朝救救琉球！但他們的母邦也無能為力，事後只能發給他們三百兩銀子當作盤纏。絕望之下，琉球使者林世功悲憤自裁，希望以死來喚起清政府的關注。

西元一八七五年《香港每日新聞》說：「以國家規模而言，世界上沒有任何一國軍事力量像大清國，擁有巨大人力資源的大清其士兵數量少之又少，並且所謂士兵大多名不副實，他們裝備極差，而且幾乎全軍都缺乏嚴格訓練。他們在軍容嚴整的歐洲軍隊面前恐怕抵擋不了五分鐘，此外清軍軍紀敗壞，他們的兵丁通常是社會上一些舉止粗野、品行不端的人渣，在哪裡駐紮，哪裡的民眾就恐懼萬分。」

西元一八八八年十二月十七日，北洋水師正式宣告成立並於同日頒布施行《北洋水師章程》。從此，近代中國正式擁有了一支海軍艦隊。各主要戰艦艦長及高級軍官幾乎全為福州船政學堂畢業，並多曾到英國海軍學院留學實習，並有有外國人擔任軍官作技術專家及指導。北洋艦隊的軍官多能操英語，內部指揮命令亦是以英語發號，其實力劇增一度堪稱亞洲第一，世界第六。

為了發展海軍，日本政府號召國民進行捐款，連明治天皇也把自己私房錢拿了出來，短時間就籌集到了一筆鉅款。日本拿著這筆錢在海外採購軍艦，在國內也修建造船廠，大力建造軍艦。明治天皇甚至乾脆用餓肚皮的方法，一天寧可只吃一餐，也要建立強大海軍。當前線將士們得知天皇每天僅僅吃一餐飯的時候，人人感動得涕淚橫流。日本天皇靠牙縫裡摳肉來供養海軍的消息傳到中國後，在京城裡居然被傳為笑談：「東洋小夷，畢竟是東洋小夷，這麼做，也不怕讓人笑話！」

北洋水師從人員到裝備都是李鴻章一手收攏建立，這支曾號稱亞洲第一的近代化海軍，曾經寄予了李鴻章洋務自強的殷切期望，然而，老大帝國的種種痼疾，加之艦隊經費大幅減少，導致北洋海軍的建設陷入了停頓、倒退的困境。清軍在甲午戰爭中的失敗（北洋水師的覆滅），意味著大清帝國的國際地位一落千丈。一頭大象被螞蟻絆倒，還惹來了一群蛇蟲虎豹垂涎分食。

西元一八八六年七月，北洋水師提督丁汝昌率鎮遠、定遠、威遠、濟遠四艦前往位於日本長崎的三菱造船所進行檢修，並展開對日本的「親善訪問」。北洋四艦抵達長崎港後，立即在當地引發了轟動。前來觀看的日本人面對號稱「亞洲第一巨艦」的「定遠」、「鎮遠」，內心複雜而又矛盾，羨慕、恐懼、憤懣、嫉妒、震驚，諸多感情交織在一起，相當不是滋味。

西元一八八六年八月十三日，在長崎港訪問日本的北洋水師官兵們登岸購物，其中一些水兵卻違反軍紀，前往當地妓院尋樂。當時因妓院賓客盈門，大家只好排隊。這時，他們看見幾個日本人沒排隊就直接入內，火氣一下子就上來了。水兵們與妓院老闆大打出手，聞訊趕來平息事端的警察也被打成重傷。日本人吃了虧，兩天後趁清軍水兵上岸時，集合數百警察浪人，持刀追殺北洋水兵，終釀「長崎事件」。

「長崎事件」雖得以和平了結，但北洋水師的來訪對日本人的民族心理產生了極大的刺激，日本的反華情緒進一步高漲。大力發展海軍成為日本國民的共識。當時日本的小孩子在玩耍時，也是分成兩組，一組扮成北洋艦隊，一組扮成日本艦隊，進行捕捉「定遠」、「鎮遠」的戰鬥遊戲。

西元一八九一年六月，日本政府邀請北洋海軍訪日。鑒於上次的「長崎事件」，李鴻章命丁汝昌嚴加管束。日本的《東京朝日新聞》以〈清國水兵現象〉為題報導了觀看北洋艦隊的感受：「以前來的時候，甲板上放著關羽的像，亂七八糟的供香，其味難聞之極。甲板上散亂著吃剩的食物，水兵語言不整，不絕於耳。而今，不整齊的現象已蕩然全無，軍紀大為改觀。水兵的體格也一望而知其強壯武勇。唯有服裝仍保留著支那的風格，稍稍有點異樣之感。」

翁同龢與李鴻章有「父死兄徙」的大仇。甲午戰爭時，以翁同龢為代表的清流派在自己的實力狀況都不知道的情況下就逼迫李鴻章開戰，擺明了就是要李鴻章難堪，並說：「李鴻章治軍數十年，掃蕩了多少壞人哪！現在，北洋有海軍陸軍，正如火如荼，豈能連一仗都打不了嗎……我正想讓他到戰場上試一試，看他到底是騾子還是馬，將來就有整頓他的餘地了！」

甲午戰爭前，兩江總督張之洞上書，力主開戰：「坐視赤縣神州，自我而淪為異域，皇上、皇太后將如後世史書何？」

甲午戰爭前，李鴻章仍想搞「以夷制夷」，希望英國、沙俄等列強站出來調停保住和平局面，依靠交涉來解決衝突。他說：「兩國交涉全論理之曲直，非恃強所能了事。日雖竭力預備戰守，我不先與開仗，彼諒不動手。誰先開仗誰先理詘，此萬國公例。」

西元一八九四年七月十九日，日本外交大臣陸奧宗光密令大鳥圭介挑起中日衝突，他說：「促成中日衝突，實為當前急務。為實行此事，可以採取任何手段。一切責任由我負之，該公使絲毫不必有內顧之慮。」

《官場現形記》中對綠營兵的戰鬥力這樣記述道：「綠營兵在長官校閱時有兩招，一是會跑，所有姿勢就是跑，兜圈子，排在一溜的叫長蛇陣，圍在一起的叫螺獅陣，分作八下的叫八卦陣。二是會喊，看大人來了就喊：某官某人叩接大人。大人喊一聲起來，眾人答『喳』，校閱結束。」

英國克寧漢（Afred Cunningham）在《甲午威海衛戰事外紀》中說：「中國陸軍由素無訓練的團體構成，他們的武器倉促購置，子彈供應不足，大多數中國兵是遊民或農夫，貪圖餉銀而應徵入伍，入伍後的訓練不過是穿上一身軍服拿一支來復槍或抬槍，來復槍沒子彈。不過即使士兵缺乏訓練，沒有紀律，槍法差，如果指揮官有一些現代軍事知識，中國陸軍也會給敵軍多少造成些損害。」

甲午戰爭時，中日之間仗才打了八個月，日本的人力、物力、財力已消耗殆盡。外相陸奧宗光說：「國內海陸軍備殆已空虛，而去年來繼續長期戰鬥之我軍人員，軍需已告缺乏。」英國人赫德說：「如果戰爭拖長，中國的資源、人力和它禁得起磨難的本領也必將勝過日本的勇猛和它的訓練、組織能力。」張之洞說：「中國永遠不會屈服，日本將耗盡國力，像拿破崙打俄國那樣。」

西元一八九五年二月十二日下午，剛剛下過雪的劉公島上，早已聽不到昔日炮火的轟鳴聲。島上的北洋海軍督署的西院，北洋水師提督丁汝昌，正在給上司李鴻章寫信。隨後，丁汝昌拿起身邊的酒杯，一飲而盡。顯然，這杯酒裡有東西——鴉片。俗話說的好，「大煙膏子就酒，小命立刻沒有」。三個小時後，丁汝昌體內毒性發作，不幸身亡，終年五十九歲。

中日甲午戰爭黃海海戰中，因「致遠」艦受傷，彈藥用盡，鄧世昌大呼：「今日有死而已！然雖死而海軍聲威弗替，是即所以報國也！」在落水後拒絕救援，與愛犬「太陽」一同壯烈殉國。鄧世昌犧牲後舉國震動，光緒帝垂淚撰聯「此日漫揮天下淚，有公足壯海軍威」，清廷謚以「壯節」，按提督例從優議恤並，還賜給其母一塊用一點五公斤黃金製成的「教子有方」大匾，撥給鄧家白銀十萬兩以示撫卹，追贈太子少保銜，入祀京師昭忠祠。

甲午戰爭後，慈禧太后給李鴻章的密令中這樣寫道：「以遼東或臺灣予之，如不肯，則兩地均予。」光緒皇帝也給李鴻章發了一條密令：「都城之危在指顧，以今日情勢而論，宗社為重，邊徼為輕。」

西元一八七九年，琉球國被日本吞併，琉球使臣請求中國出兵「盡逐日兵出境」，但求援無望，從此流落京城街頭巷尾十餘載，苦求無門。《聞塵偶記》裡有一則記載：「甲午之役，有奏請緝奸細者，言其人住南城外羊肉衚衕，謝姓。廷寄命給事中唐椿森緝拿之。唐至，令軍役勿遽，先撿其來往書札，則琉球遣臣來救於中朝者，流寓京師十二年矣。每歲皆有表文，而總督不為達，其旅費則琉球遺民傾助，流離瑣尾，備極可憐。」

西元一八九五年三月十四日，李鴻章前往日本馬關談判和約。快到馬關的時候，李鴻章吟詩一首：「晚傾波濤離海岸，天風浩蕩白鷗閒；舟人哪知傷心處，遙指前程是馬關。」

李鴻章一行到達春帆樓後，伊藤博文為談判頒布了四條命令：一是除談判人員外，不論何人有何事，一概不得踏入會場；二是各報的報導必須要經過新聞檢查後方可付印；三是除官廳外，任何人不得攜帶凶器；四是各客寓旅客出入，均必須由官廳稽查。

《馬關條約》簽訂前，李鴻章與伊藤博文曾有過一段對話。伊藤博文揶揄道：「想當年中堂大人何等威風，談不成就要打，如今真的打了，結果怎樣呢？我曾給過大人一句忠告，希望貴國迅速改革內政，否則我國必定後來居上，如今十年過去，我的話應驗了吧？」李鴻章嘆道：「改革內政，我非不欲做，但我們國家太大，君臣朝野人心不齊，不像貴國一樣上下一心。如果我們兩人易地以處，結果會如何？」伊藤博文謙虛道：「如果你是我，在日本一定做得比我強；如果我是你，在中國不一定做得比你好。」

甲午戰爭爆發後，梁啟超曾發表評論說：「西報有論者曰：日本非與中國戰，實與李鴻章一人戰耳，其言雖稍過，然亦近之。只見各省大吏徒知畫疆自守，視此事若專為直隸、滿洲之私事矣。其有籌一策、出一旅以救難者乎？即有之，亦空言而已。……以一人而戰一國，合肥，合肥，雖敗亦豪哉！」

甲午戰敗，伊藤博文問前來議和的使團隨員伍廷芳：「你方為什麼不派遣重臣來呢？請問恭親王為什麼不能來敝國？」伍廷芳：「恭親王位高權重，無法走開。」「那麼李鴻章中堂大人可以主持議和，貴國怎麼不派他來？」伍廷芳反問：「我今天是和您閒談，如果李中堂奉命前來議和，貴國願意訂約嗎？」伊藤博文：「如果中堂前來，我國自然樂意接待，但是也還是要有符合國際慣例的敕書，必須要有全權。」伍廷芳：「那麼中堂也要來廣島嗎？」伊藤未置可否。

一九〇四年二月，日俄戰爭爆發。日本聯合艦隊在對馬海戰中表現英勇，全殲俄國太平洋艦隊和波羅的海艦隊。指揮這場海戰的聯合艦隊司令東鄉平八郎成為日本國民心目中的英雄，被天皇任命為海軍部長。慶功宴上，面對眾人的追捧和諛詞，小東的表現相當冷靜，他默默地從懷裡拿出一塊印章，上面刻著七個字：一生俯首拜陽明。眾人恍然大悟。

李鴻章赴馬關簽訂條約時，說：「你我東亞兩國，最為鄰近，同文同種，今暫時相爭，總以永好為事。如尋仇不已，則有害於華者，也未必有益貴國也。試觀歐洲各國，練兵雖強，不輕起釁，我中東既在同洲，亦當效法歐洲。如我兩國使臣彼此深知此意，應力維亞洲大局，永結和好，庶我亞洲黃種之民，不為歐洲白種之民所侵蝕。」

伊藤對李鴻章說：「十年前在天津時，敝人曾向中堂進言，貴國之現狀，實有改進之必要。但爾後貴國晏然依舊，不圖改進，以至今日，實深感遺憾。」李鴻章嘆道：「我國之事，囿於習俗，未能如願以償。今轉瞬十年，依然如故，本大臣自慚心有餘力不足。貴國兵將，悉照西法訓練，甚精；各項政治，日新月盛。此次本大臣進京與士大夫談論，也深知我國必須改變方能自立。」

馬關條約談判時，伊藤博文對李鴻章說道：「貴國大臣都是碌碌之輩，只有袁世凱有本事，在朝鮮我們最怕他，我看此人日後前途不可限量！中堂大人要是愛惜袁世凱就要重用他，否則不如殺之！」「四億中國人無出袁世凱右者。」

西元一八九五年三月十九日，李鴻章一行人抵達日本馬關，次日即與首相伊藤博文談判。日本大臣外務陸奧宗光事後曾回憶說：「李鴻章高談闊論，目的不過是想藉此博取同情，間用冷嘲熱諷掩蓋戰敗者的屈辱地位罷了。」

甲午戰敗，李鴻章赴日本馬關簽訂停戰條約。日方咄咄逼人，春帆樓上，中日兩國唇槍舌劍，談判僵持不下。一次，李鴻章乘轎外出時，日本右翼團體「神刀館」的成員小山六之助照定李鴻章就是一槍。李鴻章左頰中彈，血流滿面，當場昏厥過去。消息披露後，世界輿論一片譁然，歐美各國紛紛譴責日本並進而同情中國，紛紛表示不能坐視。日本人擔心列強干涉，下令停戰。

李鴻章在日本遇刺，伊藤博文得知後勃然大怒，咆哮說：「寧將自己槍擊，也不應加害中國使臣」，陸軍大臣山縣有朋拍著桌子大罵：「該匪罔顧國家大計」。日本天皇急忙派出御醫前往護理，皇后還親製綳帶以示慰問，各方政要紛紛前去探望。可嘆的是，清廷的那些王公大臣們更多的是慶幸。

梁啟超《李鴻章傳》曾沉痛寫道：「當遇刺之初，日皇遣御醫軍醫來視疾，眾醫皆謂取出槍子，創乃可療，但雖靜養多日，不勞心力云。鴻章慨然曰：國步艱難，和局之成，刻不容緩，予焉能延宕以誤國乎？寧死無刺割。之明日，或見血滿袍服，言曰：此血所以報國也。鴻章潸然曰：捨予命而有益於國，亦所不辭。其慷慨忠憤之氣，君子敬之。」

馬關談判，日方占領大沽、天津、山海關三地為質，李鴻章說：「我之來此，實係誠心講和，中我國家亦同此心。乃甫議停戰，貴國先要踞有三處險要之地。我為直隸總督，三處皆係直隸所轄，如此於我臉面有關。試問伊藤大人，設身處地，將何以為情？中日係切近鄰邦，豈能長此相爭，久後必須和好。但欲和好，須為中國預留體面地步，否則，我國上下傷心，即和亦難持久。如天津、山海關係北京門戶，請貴國之兵不必往攻此處；否則，京師震動，我國難堪，本大臣亦難以為情。」

西元一八九五年，李鴻章前往日本與日首相伊藤博文簽訂《馬關條約》。李：「昨日我派經方至貴大臣面談各節，一一回告。貴大臣絲毫不放鬆，不肯稍讓。」伊藤：「已讓到盡頭，萬不能改。」李：「總請再讓數千萬，不必如此口緊。」伊藤：「屢次言明，萬萬不能再讓。」李：「賠款既不肯減，地可稍減乎？到底不能一毛不拔！」伊藤：「兩件皆不能稍減，不能稍改。」李：「臺灣已是口中之物，貴國何必急急？」伊藤：「口中之物，尚未下嚥，飢甚！」

馬關談判中，伊藤博文咄咄逼人：「中堂見我此次節略，但有允不允兩句話而已。」李鴻章：「難道不准分辯？」伊藤博文：「只管辯論。但不能減少。」李鴻章：「總請再減。」伊藤博文：「無可減矣。」李鴻章：「不許我駁否？」伊藤博文：「駁只管駁，但我如意不能稍改。」李鴻章：「臺灣不能相讓。」伊藤博文：「如此，當即遣兵至臺灣。」

春帆樓上，伊藤博文特邀中方代表談話說：「希中國使臣能深切考慮現在兩國之間的形勢，即日本為戰勝者、中國為戰敗者之事實。若不幸此次談判破裂，則我一聲令下，將有六七十艘運輸船隻搭載增派之大軍，陸續開往戰地。如此，北京的安危亦有不忍言者。如再進一步言之，談判一旦破裂，中國全權大臣離開此地，能否再安然出入北京城門，恐亦不能保證。此豈吾人尚可悠悠遷延會商時日之時期乎？」

日方欲占領大沽、天津、山海關三地為質，李鴻章：「日軍並未到達大沽、天津、山海關，為何條款規定占據此三地？」伊藤：「議和停戰乃中方要求，為體現誠意，日軍需占領三地當作抵押。」李：「駐紮此三處的中國士兵很多，日軍占據後他們到哪裡去？」伊藤：「隨便去哪裡，只須劃定兩軍界限即可。」李：「天津的官員怎麼辦？」伊藤：「這個問題以後再談。此議案你能照辦嗎？」李：「這個問題關係重大，不能不談。天津是通商口岸，日本也要占領麼？」伊藤：「可暫時歸日本管理。」

甲午戰敗後，朝廷派翁同龢去責問李鴻章，李鴻章不予理會，一會兒才說：「翁師傅管理戶部，平時北洋水師請求撥款時，總是推三阻四，屢屢駁回，現在才想起軍艦的事情，原先做什麼去了？」翁同龢：「原先我不也是為朝廷省錢嘛。既然中堂知道事情緊急，為何不多請求幾次呢？」李鴻章：「朝廷早就覺得我飛揚跋扈，那些清流們又每日參我貪婪，我要再為增撥北洋水師軍費的事情喋喋不休的話，我李鴻章還能活到今天嗎？」

西元一八九五年四月十七日，李鴻章與日本代表簽訂了喪權辱國的中日《馬關條約》。條約規定：清政府承認朝鮮「獨立自主」；割遼東半島、臺灣全島及所有附屬各島嶼給日本；賠償日本軍費白銀二億兩；開放沙市、重慶、蘇州、杭州為商埠；開闢內河新航線；允許日本在中國的通商口岸開設工廠，產品運銷中國內地免收內地稅。

庚子賠款四點五億兩，乃是國人的巨恥。當時的列強為了懲罰中國人，按中國當時人口四億五千萬平攤，每人罰款一兩，共計四點五億兩，分三十九年還清，連本帶息總數達白銀十億兩以上，相當於清政府年財政收入的十二倍。不過由於後來世界局勢的變化，中國實際支付的賠款數額共五億七千六百多萬兩。美國後來將庚子賠款退賠，發展教育文化之用，包括有名的燕京大學。

《馬關條約》的消息傳出後，舉國譁然。可憐光緒小皇帝深感上對不起祖宗，下對不起國民，只得在五月十一日下罪己詔：「去歲倉促開釁，徵兵調餉，不遺餘力。而將非宿選，兵非素練，紛紛召集，不殊烏合。以致水陸交綏，戰無一勝。」「其萬分為難情事，言者章奏所未及詳，而天下臣民皆當體諒也。」

中日甲午一戰，北洋海軍全軍覆沒，搞了幾十年洋務的李鴻章也因此身敗名裂。正如他所說：「十年以來，文娛武嬉，釀成此變。平日講求武備，動輒以鋪張靡費為疑，至以購械購艦懸為厲禁。一旦有事，明知兵力不敵而淆於群哄，輕於一擲，遂至一發不可復收。知我罪我，付之千載。」

甲午失敗，清政府被迫割地賠款，駱成驤在殿試時提出了整軍練軍、懲治貪官、等自強之計，並在試卷裡寫下了「主憂臣辱，主辱臣死」的句子。光緒一見，大為感動，就點他為狀元。辛亥革命爆發，駱成驤聯合各界人士籲請清帝遜位，隆裕看了請願書後說：「愛國狀元亦出名，勢不可挽。」

《馬關條約》簽訂後，德國人也對山東半島垂涎欲滴，於是聯合俄、法兩國公使給日本外務省送了一份備忘錄。俄國公使的備忘錄中這樣寫道：「俄國政府對遼東半島歸日本所有一節，不但認為有危及中國首都之虞，同時亦使朝鮮國之獨立成為有名無實。

以上實對將來遠東永久之和平發生障礙。茲特勸告日本國政府，放棄確實領有遼東半島。」

甲午戰爭結束後，德國報紙評論說：「自中日失和之後，我歐洲之人皆欲瓜分中國，蓋中國如俎之肉，人皆可得而一臠也。」《泰晤士報》說：「關於中國的潛力以及中國迷夢已醒的種種神化已經被這次戰爭完全澄清了。中國是一盤散沙，它只有透過外力才有可能打起精神和組織起來。」俄國《新聞報》說：「要緊緊抓住中國甲午戰敗的大好時機，乾淨俐落解決中國問題，由歐洲幾個主要國家加以瓜分。」

西元一八九四年，得知朝廷把辦海軍的錢用來修頤和園，劉銘傳說：「人家日本正要謀害我們，我們自己卻把藩籬撤去，這樣看來亡國之日不遠了！」甲午時他上書說：「朝廷如果用我，則練精兵四十萬，二十萬守沿海，二十萬守鴨綠江，我能不讓日本人過江一步。」然而最終朝廷沒用他。甲午戰敗的消息傳來後，劉銘傳整日沉默無語，「憂思鬱結」，終至臥床不起，不久他去世，臨終時大呼：「還我臺灣！」

《馬關條約》簽訂後，臺灣被迫割讓給日本。臺灣民眾群情洶湧，臺灣舉人汪春源上書朝廷：「今者聞朝廷割棄臺地以與倭人，數千百萬生靈皆北向慟哭，閭巷婦孺莫不欲食倭人之肉，各懷一不共戴天之仇，誰肯甘心降敵？縱使倭人脅以兵力，而全臺赤子誓不與倭人俱生，勢必勉強支持，至矢亡援絕數千百萬生靈盡歸糜爛而後已。」

西元一八九六年，李鴻章訪問俄國時，俄國財政大臣維特在談到他對李鴻章的印象時說：「從中國文明的角度看，他是高度文明的；但從我們歐洲的觀點看，他是沒有享受什麼教育，也並不文明。」

第九章：戊戌變法

西元一八九五年，各省的舉人們雲集京師全國性會試。考試結束後，康有為和弟子梁啟超得知清政府即將簽訂喪權辱國的《馬關條約》後，義憤填膺，聯繫各省舉人向朝廷聯名上書，並提出「拒和、遷都、再戰」三點要求，這就是歷史上所稱的「公車上書」。

西元一八九五年，戰敗的清政府簽訂《馬關條約》後，嚴復在天津《直報》發表〈論世變之亟〉中慨嘆：「嗚呼！觀今日之世變，蓋自秦以來未有若斯之亟也。」

西元一八九五年，當得知臺灣即將割讓給日本的消息後，臺灣省籍舉人羅秀惠捶胸頓足，長跪在地都察院衙門口嚎啕大哭，為家鄉父老向朝廷請命。路人見之，無不傷感落淚。四萬萬人齊落淚，天涯何處是神州？

梁啟超稟賦聰敏，記憶力驚人。他四歲入學，六歲就讀完了五經，「八歲學為文，九歲能綴千言」。六七歲時，他的私塾老師出一個上聯：「東籬客賞陶潛菊」。梁啟超看到後，不假思索，立刻對出下聯：「南國人思召伯棠」。梁啟超十歲時到廣州參加童子試，船上有人想試試他的學問，指鹹魚為題，讓他作對。梁啟超脫口吟出「太公垂釣後，膠鬲舉鹽初」。從此，「神童」聲名傳遍新會。

有一次，梁啟超到江夏遊玩，拜訪了當時坐鎮江夏的晚清名臣張之洞。張之洞見梁啟超來訪，出一上聯考他：「四水江第一，四時夏第二，先生居江夏，誰是第一，誰是第二？」張之洞以提倡經史學名噪一時，他借地名「江夏」，擺明了是以江南數一數二的學者自居。梁啟超稍加思索，便即答道：「三教儒在先，三才人在後，小子本儒人，何敢在前，何敢在後！」

梁啟超在《戊戌政變記》中寫的那樣：「吾國四千餘年大夢之喚醒，實自甲午戰敗割臺灣，償二百兆以後始也；我皇上赫然發憤，排眾議，冒疑難，以實行變法自強之策，實自失膠州、旅順、大連灣、威海衛以後始也。」

西元一八七九年，康有為遊歷香港，接觸到西方資本主義文明時感嘆道：「西人治國有法度，不得以古舊之夷狄視之。」後來康有為在發起維新變法期間，大聲疾呼：「要救國，只有維新。要維新，只有學外國。」

章士釗這樣評價康有為的文章：「南海詩文，向欠洗伐之功，筆端起處，即傾河倒峽而出；其勉強趁韻處，往往活剝生吞，無暇咀嚼，以詩律言，誠達不到一個細字。」

孫文上書李鴻章時，曾這樣說李鴻章：「我中堂佐治以來，無利不興，無弊不革，艱難險阻，尤所不辭。如籌海軍、鐵路之難，尚毅然而成立，況於農桑之大政，為民生命脈之所關，且無行之難，又有行之人，豈尚有不為者乎？」近代史學家唐德剛認為李鴻章「內悅昏君，外御列強」，是自有近代外交以來，中國出了「兩個半」外交家的其中一個。

西元一八九五年，康有為抵達南京，遊說張之洞捐資創辦強學會。張之洞雖然同意為其捐資，但兩人的溝通並不融洽。康有為主張「孔教救國」，宣傳「孔子改制」。張之洞對他的主張不以為然，對康有為說：「只要先生放棄孔子改制的學說，我一定竭力供養。」康有為答：「孔子改制，乃是大道，我豈能為了區區一個兩江總督的供養，而放棄自己的學說！」

西元一八九六年，李鴻章訪俄，俄羅斯帝國財政大臣謝爾蓋・維特（Sergey Yul'yevich Vitte）評論對李鴻章的印象時說：「我認為李是一個卓越的人物，當然他是中國人，沒受過一點歐洲教育，但受過高深的中國教育，而主要的是他有一副出色的健全的頭腦，善於清晰地思考。正因為如此，他在中國歷史上，在治理中國方面產生過重要的影響力，這就不足為奇了。當時治理中華帝國的實際上就是李鴻章。」

西元一八九八年月，康有為在廣東會館發表演講：「吾中國四萬萬人，無貴無賤，當今日在覆屋之下，漏舟之中；如籠中之鳥，牢中之囚；為奴隸，為牛馬，為犬羊，聽人驅使，聽人宰割。此四千年中二十朝未有之奇變。加以聖教式微，種族淪亡，奇慘大痛，真有不能言者也。」一席話道出亡國慘圖，眾人淚如雨下。他又說：「今日人人有亡天下之責，人人有救天下之權！」

光緒二十五年（西元一八九九年），李鴻章奉慈禧懿旨搜捕康有為、梁啟超。孫寶暄站出來說：「我是康黨」。李鴻章說：「不怕被抓？」孫寶暄答：「中堂你先抓我吧。」李鴻章說：「怎麼能抓你，其實我也是。」後來慈禧知道了，李鴻章說：「主張變法就是康黨，臣無可逃。」慈禧默然。

西元一八九六年，梁啟超發表〈變法通議〉主張變法：「變亦變，不變亦變。變而變者，變之權操諸己，可以保國，可以保種，可以保教；不變而變者，操之權讓諸人，束縛之，馳驟之，嗚呼！則非吾所敢言矣！」

甲午戰敗後，康有為在京師的官僚士大夫中組織了強學會。強學會的活動得到了京師不少大員的支持和贊助。李鴻章也想向強學會捐款兩千元，但康有為等人卻視李鴻章為妥協賣國之人，將他拒絕。李鴻章很不高興，在出使俄國前揚言說：「若輩與我過不去，等我回來，看他們尚做得成官嗎？」沒過多久，李鴻章的兒女親家、御史楊崇伊隨後便上摺彈劾強學會「私立會黨」、「植黨營私」，請求清政府下令查封。

康有為有一次在朝房等候光緒的召見，恰好遇到了新任直隸總督榮祿。榮祿問向康有為打招呼：「以子之大才，請問對於時局有什麼好辦法嗎？」康有為答道：「非變法不能救中國！」榮祿：「我也知道法應該變，但問題是，數百年所形成的法，豈能是說變就變得了的？」康有為斬釘截鐵地回答道：「殺幾個一二品的大員，則新法行矣。」榮祿大為震驚，從此對維新派保持警惕。

康有為見到光緒之後，開門見山地說：「清國快要滅亡了。」光緒道：「這都是那些保守的傢伙造成的。」康有為說：「皇上要靠他們來革新，那是緣木求魚。」光緒問：「先生有什麼高見？」康有為便開始滔滔不絕地闡述自己的變法主張。康有為的一口廣東話讓光緒聽得有些費力，但光緒還是耐著性子聽。一直過了很長時間，光緒才示意會談結束。

光緒召見康有為時，康有為問光緒：「皇上既知非變法不可，何以長久沒有舉動？」光緒說：「我受到種種牽制，不能放手做。」康有為建議說：「皇上可以就權力能夠做得到的先做。不必盡撤舊衙門，只須增設新衙門，多多接見維新志士，給以官職，對舊大臣保持他們的高官厚祿，他們就不會阻撓新政了。」光緒於是封了康有為在總理衙門章京上行走（辦文稿）的一份工作。

光緒召見康有為，康興致勃勃地談了兩個半小時，結果卻只被封了個「總理事務衙門章京上行走」的芝麻小官。梁啟超得知光緒沒給自己的老師升官後，憤憤不平地說道：「皇上召見康先生，談得很投機。但朝廷大權卻把持在西王母的手上，其他的事情已經無從期望。總署行走這樣的官職，真是可笑至極，不如立刻捲了鋪蓋走人。」

光緒皇帝召見康有為後不久，慈禧召見了李鴻章，問李鴻章那個叫康有為的人到底怎麼樣，李鴻章回答道：「這個人是個書生，也如市井中喜歡爭強好勝打官司的人。」慈禧問道：「那麼，洋人為什麼支持他們呢？」李鴻章沒好氣地說：「那是洋人們不了解中國國情，把中國的知識分子都當成他們的知識分子了。等洋人們了解了中國的文人們都是些什麼角色之後，別說支持，就是躲避，怕也來不及了。」

慈禧太后並不是因循守舊之人。早在變法之初，慈禧太后就對光緒帝說：「變法乃素志，同治初即納曾國藩議，派子弟出洋留學，造船製械，以圖富強也。苟可致富強者，兒自為之，吾不內製也。」

西元一八九八年五月二十九日，恭親王奕訢逝世。臨死之前，恭親王言之鑿鑿地對光緒說：「聞廣東舉人康有為等主張變法，請皇上慎思，不可輕信小人。」

光緒在得到慈禧的同意後頒布〈明定國是詔〉，正式拉開了百日維新的大幕，裁撤了一批守舊派和反對派們。他們紛紛跑到頤和園去向慈禧太后告狀，跪求太后回朝訓政。慈禧太后見自己威望還在，心裡十分舒坦，一直笑而不答。那些人不知所以然，又跑到天津督署向榮祿訴苦，榮祿深知慈禧太后的用意，便笑道：「先讓他（光緒）去胡鬧幾個月嘛，鬧到天下共憤，惡貫滿盈，不就好辦了嗎！」（金滿樓：《帝國的凋零——晚清的最後十年》）

西元一八九八年四月，康有為聯合京師的一些舉人們成立了以「保國、保種、保教」為宗旨的保國會。保守派們諷刺保國會的人「日執途人而號之曰『中國必亡！中國必亡！』名為保國，勢必亂國而後已」，並攻擊保國會「保中國不保大清」，「僭越妄為，非殺頭不可」。

百日維新期間，康有為、梁啟超等維新派急切冒進，缺乏政治經驗，變法措施大多無操作性，最終導致了戊戌變法的失敗。康有為的弟弟康廣仁就曾說：「我哥規模太廣，志氣太銳，包攬太多，同志太孤，舉措太大，當此排者、忌者、擠者，盈衢塞巷，而上又無權，安能有成？」

光緒皇帝每天早上要吃四個雞蛋，內務府報的價是三十四兩銀子。光緒有一次問翁同龢：「這種貴物，師傅經常吃麼？」翁同龢知道是內務府的人在搞鬼，但也不敢明說，只好敷衍道：「臣家中如果遇上祭祀大典，偶爾有機會能吃到，否則不敢吃。」

維新變法時，光緒皇帝和維新派改革官制，大規模地裁撤冗署冗員，損害了守舊派官僚和那些既得利益者的自身利益，他們紛紛跪求慈禧太后回宮主持朝廷日常政務。禮部尚書懷塔布被光緒革職後，立刻到慈禧太后那裡哭訴，稱「皇上為左右熒惑，變亂朝政，求老佛爺作主！」

黃鴻壽在《清史紀事本末》中說：「時百日間，變法神速，幾有一日千里之勢。其尤為雷厲風行者：一令都中築馬路，二令辦理國防，三命八旗人丁，如願出京謀生計者，任其自由。於是滿族諸人大譁，謠謗四起。」

戊戌變法時，張之洞主張中日結盟，他寫信給日本人說：「貴國與我國同文同種，同處亞洲，交往應遠過他國，方能連為一氣，這是東方的頭等大事，鄙人對兩國結盟不甚企盼之至。」

光緒被慈禧訓斥後，召見楊銳賜一道衣帶密詔：「我近來窺測皇太后的聖意，不願將法盡變。我想下旨盡變舊法，全部罷黜那些昏庸的守舊派，可惜權力不夠。如果真這樣做了，則朕位且不保，何況其他？我問你，可有何良策，盡變舊法，將頑固昏庸的大臣全部罷黜，提拔新進之人，讓他們參與政事，使國家轉危為安，化弱為強，而又不拂了皇太后聖意？你和林旭、譚嗣同、劉光第人趕緊商議，密繕封奏，由軍機大臣代遞，待朕熟思之後再行辦理。朕實不勝緊急翹盼之至。」

譚嗣同深夜造訪袁世凱，問他：「你覺得當今皇上怎麼樣？」袁答：「曠代少有的聖主啊。」譚：「天津閱兵的陰謀，你可知道？」袁：「好像聽說過這麼回事。」譚：「如今可以救皇上的只有你一人了，你願意救就救。」同時手撫著自己的脖子：「如果你不願意的話，現在到頤和園報告慈禧太后，你也可以升官發財了。」袁：「你把我袁某當什麼人了，聖主是我們共戴之主，我與足下同受非常知遇大恩，救護之責，不光是你一個人的責任。你有什麼計畫，願聞其詳。」譚這才將計畫告訴袁世凱。不過隨後，袁就將維新黨給出賣了。

戊戌政變事洩後，慈禧宣布訓政，收回光緒的權力，訓斥光緒皇帝：「天下乃是祖宗的天下，你何敢任意妄為！這些大臣，都是我多年歷選，留以輔佐你的，你竟敢任意不用！竟敢聽信叛逆蠱惑之言，變亂朝綱！康有為是個什麼東西，能勝於我選用之人？康有為之法，能勝於祖宗所立之法？你難道昏了頭了，不肖竟至於此！」

罵完光緒，慈禧又罵群臣：「皇帝無知，你們為何不加以力諫，以為我真不管，聽他亡國敗家嗎？我早就知道他不足以承大業，不過時事多艱，不宜輕舉妄動，只得留心稽查管束；現在我人雖然在頤和園，但心時時在朝中。我唯恐有奸人蠱惑，所以經常囑咐你們不可因他不肖，便不肯盡心國事；現幸我還康健，必不負你們。今春奕劻再三跟我說，皇上既肯勵精圖治，謂我也可省心，我因想外臣不知其詳，並由不學無術之人，反以為我把持，不許他放手辦事，今天總算知道這樣是不行的。他是我立的皇帝，他要亡國，其罪在我，我能不問嗎？你們不力諍，便是你們的罪過！」

慈禧訓政後對光緒說：「如有臣下變亂祖法，你可知道該當何罪？你想想，是祖宗之法重要，還是康有為之法重要，背悖祖宗而行康法，你可以昏聵至此？」光緒顫慄對曰：「是我自己糊塗，洋人逼迫太急，我只想保存國脈，通融試用西法，並不敢聽信康有為之法。」慈禧道：「難道祖宗之法不如西法，鬼子反重於祖宗嗎？康有為叛逆，圖謀於我，你不知道嗎？還敢迴護！」光緒嚇得腦子一片空白。慈禧又道：「你知不知道？還是你也是同謀？」光緒：「知道。」慈禧：「既知道，還不將康有為正法，反要放走？」

戊戌年間，慈禧太后從頤和園回宮，問端方：「外面情況如何？」端方奏道：「自太后訓政以來，人心大定！」慈禧太后聽後很滿意，露出得意的笑容，隨即調頭訓斥一旁的光緒皇帝：「你聽聽！看人家是怎麼說的！」

戊戌政變後，慈禧對醇王府也起了疑心。奕譞墓地上有一顆銀杏樹，長得十分高大，有人藉此在慈禧太后耳邊誣陷說道：醇王府裡出了皇帝，是因為醇王墓地上有個銀杏樹。「白」和「王」加起來，不就是一個皇字麼？慈禧聽後大怒，派人將這顆銀杏樹砍掉了。

譚嗣同去見袁世凱說其勤王後，袁世凱佯作答允，隨即就向直隸總督榮祿告密，出賣了維新黨。當時社會上就流傳著一首歌謠，諷刺袁世凱的出賣行徑：「六君子，頭顱送；袁項城，頂子紅；賣同黨，邀奇功；康與梁，在夢中；不知他，是梟雄。」

戊戌政變事洩，大刀王五欲挾譚嗣同逃亡，譚嗣同不肯，他說：「各國變法，無不從流血而成。今日中國未聞有因變法而流血者，此國之所以不昌也。有之，請自嗣同始。」他在絕筆書中寫道：「嗣同不恨先眾人而死，而恨後嗣同死者虛生也。齧血書此，告我中國臣民，同興義舉。」

譚嗣同被捕，被押至北京菜市場斬首，就義前，觀者萬人，俱為悲嘆。譚嗣同下囚車時質問監斬官剛毅：「變法何罪？為何不審而斬？」剛毅無言。臨刑前，譚嗣同對剛毅大聲說道：「你過來，我有一言要對你說！」剛毅無動於衷，丟下令箭。當劊子手的大刀高高舉起時，譚嗣同高喊：「有心殺賊，無力回天；死得其所，快哉快哉！」言畢英勇就義。

譚嗣同、唐才常並稱瀏陽二傑。譚嗣同死後，唐才常極為悲痛，輓譚嗣同七十二字：「與我公別幾許時，忽驚電飛來，恨不攜二十年刎頸交，同赴泉臺，滿贏將去楚孤臣，簫聲嗚咽；近至尊剛十數日，被群陰構死，忍拋棄四百兆為奴種，長埋地獄，只剩得扶桑英傑，劍氣摩空。」

康有為生平得意門生譚嗣同捨身就義後，康有為輓譚嗣同聯云：「逢比孤忠，岳於慘戮，昔人尚爾，於汝何尤，朝局總難言，當隨孝孺先生，奮舌問成王安在；漢唐黨錮，魏晉清流，自古維昭，而今猶烈，海疆正多事，應共子胥相國，懸眸看越寇飛來。」

康有為曾給學生譚嗣同寫過一副絕妙的輓聯：「復生不復生矣（譚嗣同字復生）；有為安有為哉。」

戊戌變法失敗後，維新黨人王照從國外回來，自首投案時，慈禧太后因其是之前欲殺之人，問光緒皇帝該如何處置。光緒皇帝思之良久，請求赦免其死罪。慈禧太后說：「我本意是想饒他性命，但想聽聽你的意見何如？我深曉得，你極恨康有為等人，所以我怕你定要辦王照的死罪。」

戊戌政變時，「六君子」被捕，康有為此時正在前往天津的路途中。慈禧派追兵趕到天津，幸好當時有人給他通風報信，康有為才得以換乘英國船逃走。慈禧太后對康有為恨之入骨，必欲殺之而後快，又派水師軍艦去追趕，不料此艦追到一半發現沒燃料了，只好返回。康有為這才逃過一劫，乘坐英國軍艦直接去了香港，隨後又轉道去了日本。

梁啟超曾云：「君主立憲者，政體之最良者也。民主立憲政體，其施政之方略，變易太數，選舉總統時，競爭太烈，於國家幸福，未嘗不間有阻力。」

慈禧太后曾當面怒罵光緒：「我養育你二十餘年，你竟敢聽信小人之言謀害我？」光緒皇帝戰慄半天，結結巴巴地說：「我沒有這個意思。」慈禧太后恨恨地罵道：「蠢東西，今天沒有我，明天還會有你嗎？」隨後囚禁光緒帝於中南海的瀛臺，接著用皇帝的名義，釋出籲請西太后訓政的詔書，又一次「臨朝聽政」。

戊戌變法那一年，「圍園殺后」一事被傳得沸沸揚揚。民國後。曾參與修纂《清史稿》的金梁曾當面問康有為，是否真有「兵劫頤和園一事？」康有為怫然作色道：「烏得有此？我朝以孝治天下，小臣面對，誰敢妄言？此皆榮祿、袁世凱之流不學無術，借危詞以邀權勢耳！」

歷來學者描寫戊戌變法多以梁啟超的《戊戌政變記》為底稿，但梁啟超後來在《中國歷史研究法》中說：「吾二十年前所著《戊戌政變記》，後之作清史者記戊戌事，誰不認為可貴之史料？然謂所記悉為信史，吾已不敢自承。何則？感情作用所支配，不免將真跡放大也！治史者明乎此義，處處打幾分折頭，庶無大過矣！」

譚嗣同被捕後，在獄中寫下了一首絕命詩：「望門投宿鄰張儉，忍死須臾待樹根，吾自橫刀仰天笑，去留肝膽兩崑崙。」不過，這首詩的原文卻是：「望門投趾憐張儉，直諫陳書愧杜根。手擲歐刀仰天笑，留將公罪後人論。」經此一改，詩意判然不同。改詩者不是他人，正是譚嗣同的好友梁啟超。

英國赫德說：「光緒走的路是對的，但他的顧問康有為等人動作太快，打個比方可以說是狼吞虎嚥而不知消化，想要在三個月內吃完三年的糧食，最終必然失敗。」總之維新黨輸在一個「快」字上。

康有為在《我史》裡虛構了一大群阻礙自己上書的反對派：「此前舉人們聯名上奏，當權的孫毓汶已頗為忌恨，我組織的這次千餘人的大行動，更是本朝從未有過之事。翰林院編修黃某，是孫的心腹，舉人們初六、初七兩天在松筠庵大舉集會，初七傍晚，黃前往各省會館，阻撓此舉，捏造飛言肆意恐嚇，許多舉人被他嚇住了。初八日，街上已到處貼滿大字報，對我們的誣衊攻擊無所不至，許多人於是退縮，甚至請求撤銷簽名。」

康有為在面見光緒皇帝時說：「憑皇上手上現有的權利，雖不能做到全變，但若重點改革一些重要的事情，也足以拯救國家。只是現任的這些大臣，都是些老朽的守舊之人，對外國的事情一竅不通，皇上想依靠他們變法，猶如緣木求魚！」

康有為在〈上清帝第三書〉裡說：「下層小官僚、普通百姓和知識分子中，有才能而且忠於陛下的人是相當多的，但陛下所了解而又能夠有所任命的有幾人？破格提拔的又有幾人？隨侍左右，能供陛下隨侍與之討論商量的人又有幾人？陛下不分晝夜能夠隨叫隨到的又有幾人……」

光緒卻與康有為越走越近，這讓翁同龢相當不滿。有一次，光緒曾讓翁向康有為索要上書，翁卻回答：「臣與康不往來」，光緒問：「何也？」翁回答：「此人居心叵測」，光緒質問：「此前何以不說？」翁回答：「臣近見其《孔子改制考》知之」。第二天，光緒再次要翁去向康索要上書，翁同龢依舊如此回答。光緒很生氣，下詔罷免了翁同龢的職務，將其逐回原籍。

戊戌年，御史楊深秀上了一道由康有為起草的〈請定國是摺〉：「守舊之人，並非不知道眼下應該變法，但這些人或者年老不能讀書，或者氣衰不能做事。不能讀書，就不能了解新政；不能做事，就畏懼改革。擔心新政推行，肯定要淘汰、排斥許多舊官，對他們的榮華富貴，大有不便，所以唯有全力加以阻擾……皇上每天推行行政於上，守舊者卻每天在下面進行抵制，雖有詔書，但新政卻不能推行……推廣新政，對皇上來說是大利，但對守舊派來說卻是大害；頑固守舊，對皇上來說有大害，但對守舊者來說卻有大利……」

《馬關條約》簽訂後，兵部尚書榮祿因不滿清流誤國，在給陝西巡撫鹿傳霖的一封密函中說：「常熟（翁同龢）奸滑性成，真有令人不可思議者，其誤國之處，有勝於濟寧（孫毓汶），與合肥（李鴻章）可並論也。合肥甘為小人，而常熟則仍作偽君子。」

戊戌政變發生的前四天，光緒皇帝已經隱隱預感到了形勢危急，給時任工部主事的康有為發了封上諭，命他速速離開京城：「工部主事康有為，前命其督辦官報局，此時聞尚未出京，實甚詫異……誠以報館為開民智之本，任職不為不重，現籌有的款，著康有為迅速前往上海，毋得遷延觀望。」

「戊戌六君子」就義之日，京城萬人空巷，紛紛跑出來瞧熱鬧。可眾多的阿Q們懷裡揣著的，卻是蘸血的饅頭。在老百姓眼裡，「康黨」根本不值得半點同情。行刑過程中，圍觀的市民百姓紛紛指著六君子叫罵：「亂臣賊子，書生狂徒，割了他們的舌頭！不好好讀聖賢之書，跑出來禍亂人心！」有些看熱鬧的等不及了，甚至嚷嚷道：「快殺快殺，別磨磨蹭蹭！」

袁世凱對維新變法持謹慎的態度，他說：「如果操之過急，必生流弊，且變法主要靠人，必須由明達時務、老成持重如張之洞這樣的人來主持，方可成功。新上來的維新黨不乏明達勇猛之士，但閱歷太淺，辦事不縝密，如有疏忽和失誤會禍及皇上。」

翁同龢、李鴻章等五大臣請康有為來「問話」。榮祿說：「祖宗之法不能變。」康答：「今天祖宗的領土也保不住了，還談什麼祖宗之法？」李鴻章說：「難道六部都可以裁撤？」康答：「今天列強並立，現行的法律和官制都是舊法，不廢除會造成中國危亡。」翁同龢怕他講得過火，故問：「變法的款項怎樣籌措？」康答：「日本銀行發行紙幣，法國實行印花稅，印度徵收田稅，成效都很可觀。只要改變制度，稅收會比現在增加十倍。」

戊戌變法期間，伊藤博文辭去日本首相，到中國遊歷。當時英國傳教士李提摩太向康有為建議，要求清朝方面聘請伊藤為顧問，甚至付以事權。於是，維新派官員在伊藤抵華後，紛紛上書請求重用伊藤，這引起了保守派官員的警惕。御史楊崇伊將此事密奏慈禧太后稱：「風聞東洋故相伊藤博文，將專政柄。伊藤果用，則祖宗所傳之天下，不啻拱手讓人。」

康有為拜訪伊藤博文。康：「我皇上銳意圖變法，固因貴國與敝邦同洲、同種、同文、同俗，特見親睦，欲據以為師法。草澤士民，亦同此志，願侯爵倖進而教之！」伊藤：「貴國欲變法，當先除自尊自大之陋習！蓋世界中不論何種，皆享生天地之間，豈可賤彼而尊我，自稱中華，而斥彼為夷狄之理哉！」康：「敝國四五年前，多持此種議論。自甲午以後，數千年大夢，為貴國所警醒，已無復有此矣。」伊藤：「上而學士，不可妄發議論，排斥外國，當知外國亦有好處。至於小民，尤不可輕易鬧教，暴殺外人，是貴國緊要之務也。」

戊戌變法中，康有為的「領袖」地位更多的是被吹出來的。終其一生，光緒皇帝只召見了康有為一次，而且時間很短。而康有為在他的《康南海自編年譜》裡卻吹噓說：「蘇拉迎問，蓋對逾十刻時矣，從來少有也。」傅國湧先生認為：「即使在轟轟烈烈的一百零三天裡，康有為的作用也極為有限。」

康有為曾在《汗漫舫詩集》中吹噓說：「甲午戰爭戰敗後，我聯合十八省舉人三千人上書，次日美國大使田貝(Charles Harvey Denby)就來索稿，為人傳抄，刻遍天下，標題就叫做《公車上書記》。」

百日維新時，伊藤與李提摩太曾向康有為提議「中美英日合邦」。於是，在康有為的授意下，變法派官員楊深秀於九月二十日上書光緒皇帝：「臣尤伏願我皇上早定大計，固結英、美、日本三國，勿嫌『合邦』之名之不美。」又有變法派上書言道：「渠(李提摩太)之來也，擬聯合中國、日本、美國及英國為合邦，共選通達時務、曉暢各國掌故者百人，專理四國兵政稅則及一切外交等事，別練兵若干營，以資禦侮。」

西元一八九八年九月二十一日，戊戌變法失敗，維新派領袖康有為逃出京城，開始了他長達十六年的海外流亡生涯。十六年間，康有為四渡太平洋，九涉大西洋，八經印度洋，泛舟北極海七日，先後遊歷英、法、意、日、美、加拿大、墨西哥、新加坡、印度、越南、緬甸、巴西、埃及等四十二個國家和地區。吳昌碩曾給康有為刻一枚印章，上面有一段這樣的文字：「維新百日，出亡十六年，三周大地，遊遍四洲，經三十一國，行六十萬里。」

康有為僥倖逃離京城後，將其總結為「十一死裡逃生」：吾先到上海辦報，則上海掩捕立死。皇上無明詔、密詔之敦促，遲遲出京必死。榮祿早發一日，無論在京在途必死。無黃仲韜之告，出天津必死。從仲韜之言，出煙臺亦必死。搭招商局之少晏船，英人欲救無從必死。是日無重慶之輪開或稍遲數時行，追及必死。飛鷹快船不因煤乏還，必死。萊青道非因有事往膠州，則在煙臺，必死。上海道不託英人搜，則英領事不知，無從救必死。英人不救亦必死。凡此十一死，得救其一二，亦無所濟，而曲線奇巧？曲曲生之，留吾身以有待其茲，中國不亡，大道未絕耶？

康有為逃出中國後，到達加拿大。當地華僑因祖國衰微而受盡了洋人的歧視，因而對希圖變法自強的康有為也愈加熱情。康有為在此發表演說：「皇上索雞粥而不得，珍妃冬月單衣。」華僑們聽後都唏噓流淚。「三十年來之積弱，我四百兆同胞兄弟之塗炭，皆由西后一人不願變法之故。」說到未來前途時，他說：「外之合海外五百萬人為一人，內之合四萬萬人為一人，其孰能凌之？」

張勳復辟，街上到處都是留辮子的人。一些復辟大佬的辮子都保留得完好無損，唯獨康有為的辮子既短而禿，垂下來也不過六七寸，蓬蓬然如蒲草一般。有人因此提出質疑，康辯解道：「我自從戊戌年後亡命海外，不得不剪髮易服。自從辛亥國變後，這才返回祖國，重新蓄髮，距今五年有餘，所以長不盈尺耳。」眾人問他，辛亥年後，別人都剪髮，為何你反而要蓄髮？康夫子得意地說：「我早料到必有今日也！」

第十章：八國聯軍

西元一八九七年，山東曹州鉅野縣發生了一件教案，一群教民和當地農民發生衝突，教堂因袒護教民而引發了雙方的激烈衝突，結果當地農民一怒之下砸毀了教堂，還打死了教堂內的兩個德國傳教士。德國皇帝聞訊大怒，派御弟海因利克親王（Albert Wilhelm Heinrich）率領德國艦隊直奔遠東興師問罪。《倫敦觀察報》報導說，德皇臨行前特意訓導海因利克親王說，「如果中國敢阻撓我事，即以拳頭伺候！」

一九〇〇年五月，慈禧太后向列強宣戰後，通電全國，要求地方籌款調兵，勤王抗敵。大理寺卿盛宣懷是帝國電報局的督辦，最先看到電報，但他卻把朝廷的電報給扣押了下來，隨後立即給當時被排擠到廣東的李鴻章發了電報。李鴻章毅然覆電說：「此亂命也，粵不奉詔。」東南各督撫們見李鴻章表態了，於是大家抱作一團，抗旨自保，對朝廷的旨意堅決表示不予執行，保住了南方半壁江山的安寧和繁榮。

「東南互保」時，東南各省督撫曾在暗中約定，如果北京失守，兩宮太后遭遇不測，他們將推選李鴻章做總統以支撐危局。李鴻章也對這個總統之位頗有興趣。不過後來，北京城雖然失陷了，但兩宮太后卻安然逃到了陝西西安，結果這個提議也就流產了。

一九〇〇年六月二十七日，八國聯軍主力在大沽登陸，義和團首領，「大師兄」曹福田對八國聯軍下達了戰書：「現神兵齊集，本當掃平疆界，玉石俱焚，奈何天津人煙稠密，百姓何苦受此塗炭。爾等自恃兵強，如不畏懼我神兵刀劍，在天津東部有曠野，堪做戰場，定準戰期，雌雄立見。殊不知破巢之下，定無完卵，神兵到處，一概不留，如願開戰，定準戰期！」

義和團使用的咒語有很多，召喚神靈附體的咒語有「快馬一鞭，西山老君，一指天門動，一指地門開。要學武藝，請先師來。」發動符咒時要念「我為冷雲佛，太上老君在前，火神在後，神龍居左，白虎居右。」

德國皇帝聽說公使克林德（Clemens August Freiherr von Ketteler）被殺後，怒不可遏，派了瓦德西（Clemens August Freiherr von Ketteler）率七千士兵奔赴中國，並對他們說道：「德國旗幟受到了侮辱，德意志帝國遭到了嘲弄。對此，必須進行具有示範意義的懲罰和報復。我派遣你們前往征伐，是要你們對不公正進行報復，只有當德國的和其餘列強的旗幟一起勝利地傲視中國，高高飄揚在長城之上，強令中國人接受和平之日，我才會有平靜之時。」

八國聯軍攻入北京城時，有不少民眾選擇給聯軍「帶路」。著名報人汪康年記載了一個案例：有義和團拳匪在翠微山、焰光寺、靈光寺等地設壇盤踞，因缺少食物，將附近村中一位姓韓的富人綁架，勒索黃金萬兩。韓姓富人請求少一點，拳匪不許，最後竟然將他殺害。韓之妻子想向官府報案，但知道他們不可靠，聽說向入城的洋人控訴報案有效果，於是將聯軍引到拳匪盤踞的寺前，拳匪還在呼呼大睡。「聞槍聲一排，乃驚起，倉皇出御，盡被殺。」

《八國聯軍目擊記》一書記載：「（從通州到北京的）沿路村莊裡的一些農民告訴我們，東門是關閉的，前一天從通州逃出來的中國官軍駐紮在北京南邊一個叫做南海閘的地方。京都只有旗兵和董福祥的軍隊。其他的村民告訴說，京都已完全沒有中國官軍。中國的農民從事著和平勞動，他們抱怨著遭到自己國家士兵的搶劫，他們倒水給我們喝，對我們十分恭順。偵察隊收集到這些情報後就往回走。回來的路上，有一個中國農村非常友好地接待了我們。村民們用茶水款待我們，並要我們送一些俄國旗給他們。」

英國強租威海衛之後，招募了一批中國僱傭軍，共有軍官、士兵五百三十四人。所有士兵簽約三年，經其同意，可被派往全球任何地方執行任務。英國軍官對他們的評價是：「他們非常遵守紀律，而且十分自律；他們非常強壯，而且十分堅忍，具有良好地抗疲勞和承當艱苦工作的能力；而且，他們各個都是射擊高手，幾乎環環擊中；他們很好養活，他們似乎對食物沒有什麼要求，不論是什麼，只要是能吃的，他們唯一關心的是食物的數量。」

八國聯軍侵華時，來自威海衛的「華勇營」也參與了對本國軍隊的作戰。美以美會的英國傳教士寶復禮（Frederick Alfred Brown）無法理解這些中國人為什麼願意調轉槍口對準本國人，他勉強找到一種解釋：「如果他們是來自一個省，他們可能會拒絕同他們作戰。但是，他們是山東人，與這京師所在省分的我們的敵人毫無共同之處。」

英國傳教士寶復禮在其回憶錄《京津隨軍記》中記載了不少中國教民充當「帶路黨」的例子：「一個時期，當租界陷於危險絕望的關頭，由於射來的炮彈用的是無煙火藥，因此找不到炮位。有兩個人，一個是年老的中國傳教士，另一位是他的兒子，自告奮勇去城裡偵察大炮的位置，然後回來報告。另外兩個人，透過義和團防線到大沽去把我們的急迫要求報告給海軍司令們……而像那樣得到的情報則除了藉助這些中國基督徒偵察員的幫助之外，是無法得到的。」

英國隨軍記者薩維奇．蘭德爾對這支來自威海衛的參與了圍攻天津、通州、北京等役的英軍「華勇營」這樣評價道：「對於這一支新建的團隊的表現，事先紛紛臆測，而且，由於叫他們跟自己的親友作戰不免有些不公平與苛刻，有些人真是相當擔心。但是，不能懷疑的卻是，不管是不是跟親友作戰，他們只要有打戰的機會，就打得很好。」

對庚子之役的「帶路黨」問題，清廷給各地方大員發了諭旨。如給京城守城王大臣的諭旨中這樣說道：「現在天津一帶逃民紛紛來京，難保無奸細及暗藏軍火希圖混跡情事。著該王大臣等督敕弁兵，於入門時嚴密盤查，如有形跡可疑及運載巨闆並非貨物之人，即行拿辦。此外，如有冒充義和團裝束，欲圖混入者，亦著一併拿究。」

大學士徐桐本以理學自命，頑固守舊，對洋人和洋務恨之入骨。庚子年間，義和團大反洋人後，徐桐本大喜，寫了一幅對聯：「創千古未有奇聞，非左非邪，攻異端而正人心，忠孝節廉，只此精滅未泯；為斯世少留佳話，一驚一喜，仗神威以寒夷膽，農工商賈，於今怨憤能消。」

柴萼在《庚辛紀事》中這樣寫道：「（義和團對待）洋人則無論英美德日，悉賜一刀，初猶未及華人也。繼以華人受役於洋人者，多亦恨之刺骨，並以電報鐵路等，與洋人聲氣相通，則亦毀之。……甚至一家有一枚火柴，而八口同戮者。」

丁韙良在寫到大沽之戰時說：「考慮到他們的大炮很可憐，中國人的確打得不錯，有人打賭說只要半個小時就解決戰鬥，結果他們堅持了兩小時一刻鐘，在這期間炮臺被爆炸的炮彈打得起火，守軍實在不能撐下去了。只要大炮還在還擊，就會立刻被一顆瞄得很準的炮彈打翻在地，最後中國兵歸於沉默，並且消失在一片耀眼的煙霧中，從外面看不到任何屈服的跡象，在被炮彈打掉或被火焰吞沒前有些旗幟還在繼續飄揚。」

義和拳的武功相當有特色。據說他們練功時，師傅焚符誦咒，待到煙霧燎燎後便讓徒弟趴下，並強令弟子禁閉上下齒，緊急連續的吸氣，由於幾近窒息，往往導致練習者手足痙攣，口吐白沫。這時，師傅就大喊「神降了！神降了」！緊接著，師傅和弟子們便一躍而起，操刀弄棍，四周劈殺，有如群魔亂舞，其樂也融融，其顛也狂狂，直到力氣用盡才停下來。（金滿樓：《帝國的凋零——晚清的最後十年》）

義和團豎起「扶清滅洋」的大旗，在慈禧的縱容下無法無天，進入北京城後到處設壇，還對光緒帝不敬，揚言要拿取「一龍二虎頭」。所謂「一龍」，自然是指光緒帝；

「二虎」則是指當時總理衙門大臣慶親王奕劻和百姓眼中的「賣國賊」李鴻章。

《拳變餘聞》載義和團口訣：天靈靈，地靈靈，奉請祖師來顯靈。一請唐僧豬八戒，二請沙僧孫悟空，三請二郎來顯聖，四請馬超黃漢升，五請濟公我佛祖，六請江湖柳樹精，七請飛標黃三太，八請前朝冷如冰，九請華佗來治病，十請哪吒三太子，率領天上十萬神兵。

義和團歌謠：神助拳，義和團，只因鬼子鬧中原。男無倫，女鮮節，鬼子不是人所生。如不信，仔細看，鬼子眼睛都發藍。不下雨，地發乾，全是教堂止住天。升黃表，焚香煙，請來各等眾神仙。神出洞，仙下山，扶助人間把拳玩。法蘭西，心膽寒，英美俄德自消然。一概鬼子全殺盡，大清一統慶昇平。

義和團自恃「刀槍不入」。時人記載：義和團「信槍彈不傷之妄，遇有戰事，竟衝頭陣，聯軍御以洋槍，死者如風驅草。乃後隊存區區之數，尚不畏死，倏忽間亦皆中彈而倒，西人皆深憫其愚。」

義和團與洋人作戰，傷斃者以童子為最多，年壯者次之，而那些所謂的老師師兄者，受傷最少。何也？義和團師兄們的解釋是：「童子法力小，故多傷亡。年壯者法力不一，故有傷、有不傷。老師師兄則多神術，槍彈炮彈近身則循衣而下，故無傷。」而實際情況是，義和團每次作戰時，臨陣以童子為前隊，年壯者居中，老師師兄在後督戰，見前隊倒斃，轉身就跑。讓上位者先走的慘劇，在中國歷史並非個例。

當清廷為了對抗洋人而宣布義和團為「義民」時，義和團向清廷提出的唯一條件是——殺聶士成。一日，聶士成在街上遇見義和團，團民立即手持大刀直奔其馬首，聶士成見狀無言以對，只得以大局為重，避入路旁衙門內，但團民並不罷休，殺其下屬士兵數十人以洩憤。

八國聯軍侵華時，由於七千名德軍還在海上，實際上打北京的是七國聯軍，真正作戰的有一萬八千八百一十一人，其中日軍八千人，俄軍四千八百人，英軍三千人，美軍兩千人，法軍八百人，奧地利軍五十八人，義大利軍五十三人。而北京城有守兵十五萬，還有三十多萬刀槍不入的義和團，然而最諷刺的是偌大的北京城五個多小時就宣告淪陷了。

當八國聯軍與中國軍隊在天津交戰時，洋人皆謂：「華兵雖眾，皆不足慮，所可畏者，聶軍門所部耳；聶軍有進無退，每為各軍之先，雖受槍炮，前者斃，後者又進，其勇猛處誠有非他軍所可比擬者。」

義和團初起時，天津人民踴躍支持，糧食飲水無不供應。但當看到義和團面對外國侵略者時畏縮不前、乃至亂殺「與洋教無干涉者」時，就開始與義和團保持距離了。「各處居民，多往前敵與練軍、毅軍送白糖餅、綠豆湯、西瓜、冰水等食物。途遇拳匪，問向何處送，民等因眾拳匪只能吃大餅，不敢臨敵。乃對日，請老師前敵去吃。」於是「團中人不復得湯餅矣。」

據時人記載，義和團「乘其（聶士成）與洋兵苦戰時，（團）以多人擁向其家而去。是時西師方大隊援津，聶軍退守甫定，聞信，急引兵追之。所謂練軍者，故多直人，與匪通，見聶軍追匪，急欲救之，遽譁日：『聶軍反矣！』共開槍橫擊之。聶出不備。遂敗。」

據《拳變餘聞》記載：「聶士成自突戰於八里臺，以期死敵。麾下執轡挽之回，士成手刃之。將校知不可回，乃隨士成陷敵陣。士成中數彈，裂腸死。麾下奪屍歸，拳匪將戮其屍，洋兵追及，拳匪逃，乃免。」一代民族英雄，死後險遭義和團分屍，反倒是敬重英雄的八國聯軍阻止了義和團對這民族英雄的遺體施暴，可悲，可嘆！

梁啟超在《新民說》中寫道：「義和團之起也，吾黨雖憐其愚，而尤驚其勇，以為排外義憤，有足多焉。而何以數月之力，不能下一區區使館也？而何以聯軍一至，其在下者，唯有順民旗，不復有一義和團；其在上者，唯有二毛子，不復有一義和團也！」

天津城陷後，慈禧傳檄諸省，徵調勤王義士。時任巡閱長江水師大臣的李秉衡隻身北上，向慈禧建言「能戰始能和」，主張「以兵法部勒」義和團。慈禧將京外義和團與政府軍悉數撥付與李秉衡，趕往天津堵遏聯軍。不料義和團一遇洋人便潰敗，李秉衡目睹屬下不戰自亂，自覺「上負朝廷，下負斯民，無可逃罪。若再偷生，是真無心人矣」，遂於北京東郊通州張家灣吞金自殺，死前留下遺書：「軍隊數萬充塞道途，就數日目擊，實未一戰。」

義和團親歷者柴萼《庚辛紀事》記載：義和團將光緒稱為一龍，世鐸、奕劻謂之二虎，百官謂之百羊，百姓年三十以上或與洋人相關者謂之二毛子，年四十以上或間接與洋人相關者謂之三毛子，洋人謂之鬼，洋錢謂之鬼鈔，洋炮謂之鬼銃，洋槍謂之鬼桿，火藥謂之散煙粉，鐵路軌道謂之鐵蜈蚣，機關車謂之鐵牛，老婦改名老寡婦，少婦改名小媳婦，女性陰部改名小妖洞，強姦改名攬小妖洞，酒改名降神湯，煙改名救睡藥，棍子改名二郎神，靴子改名黑腳裹，水改名雷公奶奶洗澡湯，餅改名老君屎，筷子改名小二郎神。甚至連「洋」也改成右邊加個「火」字，意思為「水火左右交攻」。《拳事雜記》中記載說：「當拳匪起時，痛恨洋物，犯者必殺無赦。若紙菸，若小眼睛，甚至洋傘、洋襪，用者輒置極刑。曾有學生六人，倉皇避亂，因身邊隨帶鉛筆一枚，洋紙一張，途遇團匪，亂刀並下，皆死非命」。

陳獨秀在〈克林德碑〉一文中這樣寫道：「城中焚劫，火光蔽天，日夜不息。車夫小工，棄業從之。近邑無賴，紛趨都下，數十萬人，橫行都市。夙所不快，指為教民，全家皆盡，死者十數萬人。殺人刀矛並下，肢體分裂。被害之家，嬰兒未匝月，亦斃之。」「我國民要想除去國恥紀念碑，必須叫義和團不再發生。」「義和團的野蠻，義和團的頑固守舊與迷信，義和團的恐怖空氣我都親身經歷過，義和團事件是中國民族革命史上悲壯的序幕。」

義和團拳民對洋人極為痛恨，他們用劃成分的辦法把征討對象分為「十毛」：老毛子（即大毛子）是遍體黃毛的洋人；二毛子是教民；三毛子以下分別以用洋貨，行洋禮，崇洋、讓洋等標準區分，「十毛之人，必殺無赦」。清朝步軍統領莊親王載勳大貼懸賞洋人首級的告示，賞格明碼標價：「殺一樣人賞五十兩；洋婦四十兩；洋孩三十兩。」

王照在《山東行腳記》裡就記載了這麼一個故事，說他在山東萊州府一帶遊歷時，聽到的「街談巷議，大抵不外『天滅洋人』、『李鴻章賣江山』、『光緒爺奉教』、『袁世凱造反』、『康有為封六國聖人（意思是做了漢奸賣國賊）』之類。」很顯然，這幾個人都是傾向於洋務的，這才會遭到義和拳的詆毀。

華學瀾《庚子日記》載：「本日是義和團拳民蕩平西什庫的日子，拳民擺開金網陣，但洋人有萬女旄一具，以女人陰毛編成，在樓上執以指麾，義和團法術雖大，然尚畏穢物，是以不能取勝。」

僑析生《京津拳匪紀略》：「連日每戰不利，皆由西人用赤身婦女裸騎炮上，或赤身高樓巔，婦女皆租界旁西開一帶娼妓及河東住戶也。吾輩神術最惡汙穢，婦女又為最忌。又傳言，西人用人皮製一巨炮，滿塗汙血，一經施放，穢氣遠出，故神兵卻退而不敢犯，每次戰敗職此之故。」

一九〇〇年，清軍圍攻使館，慈禧太后曾說：「我本來是執定不同洋人破臉的，中間一段時間，因洋人欺負得太狠了，也不免有些動氣。但雖是沒攔阻他們，始終沒有叫他們十分盡意地胡鬧。火氣一過，我也就回轉頭來，處處都留著餘地。我若是真正由他們盡意胡鬧，難道一個使館有打不下來的道理？」

庚子年，慈禧太后命令董福祥及武衛中軍進攻東交民巷使館區，炮轟使館區。被貶到廣州的李鴻章聽說主攻使館的是董福祥的部隊後，微微一笑，對別人說，「使館無恙，儘管放心！」

端王載漪調張懷芝帶著「開花大炮」炮轟外國使館。張懷芝十分興奮，他的開花大炮威力巨大，只要三五炮下去，使館定被夷為平地。不料正當要開炮的時候，張懷芝又多了個心眼，跑到忽然又下令緩發，跑到上司榮祿那裡，非要榮大人下手諭當作命令的證據。榮祿不肯留下書面證據，最後被纏不過，只好說：「橫豎炮聲一響，裡面（宮裡）是聽得見的！」張懷芝一點即通，於是把炮對準使館後面的空地猛轟。

庚子年圍攻使館時，使館被圍長達四十多天，但真正受到攻擊的只有二十多天。清軍的攻勢時強時弱，在此期間，清廷還曾給使館送去西瓜、蔬菜、稻米、麵粉等生活用品。清軍的進攻也極有意思：「投擲石塊代替了槍炮，雙方都習慣了與敵人近距離對峙。隨著號角之聲發起的夜襲，實際上只是毫無意義的突然的槍聲大作，然後又停下來，人們稱之為『起床號』。」

八國聯軍攻陷北京城後，第一時間趕往使館，原以為使館人員都已經筋疲力盡、氣息奄奄，甚至可能已經掛掉了，但他們進去後，看到的景象卻令他們跌破眼鏡：「紳士們衣著得體地出現在眼前，許多人，如英國公使竇納樂（Colonel Sir Claude Maxwell MacDonald）、義大利公使薩瓦戈（Giuseppe Salvago Raggi）和美國公使康格（Edwin Hurd Conger）都新刮了鬍子，雖然穿著便裝，但都整整齊齊的；女士們則穿著優雅的夏裝，戴著帽子、打著陽傘。聯軍中有人開玩笑說，我們是不是意外地走進了一個宴會會場？」

一九〇〇年八月十五日，八國聯軍攻陷北京城，慈禧太后攜光緒皇帝逃亡。一九〇一年一月十五日，李鴻章和慶親王在與八國聯軍的「議和大綱」上簽字。國人把所有的憤恨便宣洩到了李鴻章身上，怒斥李鴻章「賣國者秦檜，誤國者李鴻章。」

庚子年，慈禧太后帶著光緒皇帝逃亡，到了保定。李蓮英在服侍慈禧睡下後，到光緒的臥室中一看，只見光緒一個人孤零零地呆坐在那裡。李蓮英跪安問：「主子為何這時還不睡？」光緒答：「你看看這屋裡，叫我怎麼睡？」李蓮英一看，原來大冷的天裡，光緒的屋裡除了坐褥和椅子靠枕外，連一床被子都沒有。李蓮英當即跪倒哭道：「奴才們真是罪該萬死！」趕緊把自己的被褥報了過來，說：「今夜已深，這是奴才的被褥，請主子將就著用吧！」光緒回京後經常唸叨此事，說：「若沒有李俺答，我恐怕都活不到今日。」

八國聯軍殺到北京的郊外，北京城內都能聽到隆隆炮聲，慈禧急得六神無主。一大清早，慈禧緊急召見王公大臣，連召五次，連個人影都沒見到。直到半晌後，王文韶、剛毅、趙舒翹三人才匆匆趕來見駕。慈禧邊哭邊說：「現在的這些大臣，沒事的時候，一個個裝比誰都要忠誠，一到有難了，都各自為自己打算，再也不管我們母子了。如今也只有你們三個，還算忠心，明天你們三個一定要前來護駕，不要拋棄我們母子。」

庚子事變，慈禧太后出逃時狼狽不堪，晚上到昌平時餓得要命，當地百姓獻上麥豆，慈禧不到一會就吃了個精光。一天晚上，慈禧太后住在一個破廟裡，半夜裡被惡夢驚醒，當晚甘肅布政使岑春煊整夜跨刀立於廟門外護衛，聽到慈禧太后驚叫後，趕緊在門外大聲道：「臣春煊在此保駕。」岑春煊竭盡全力在危難之中護衛慈禧太后安全達到

西安，慈禧太后深為感動，後來岑春煊也由此得到了老太后的重用，做了陝西巡撫。（《金滿樓：歷史的轉彎處：晚清帝國回憶錄》）

八國聯軍攻進北京城後，曾公開允許士兵搶掠三天。聯軍統帥瓦德西給德國皇帝的報告中說：「此次中國所受毀損及搶劫的損失，其詳數將永遠不能查出，但為數必極為重大無疑。」

聯軍洗劫的紫禁城、三海、皇史宬、頤和園等地後，天壇損失祭器一千一百四十八件，社稷壇損失祭器一百六十八件，嵩祝寺丟失鍍金佛三千餘尊、銅佛五十餘尊、磁佛十三尊、磁瓶十二對、鍍金器物四十件、銀器七件、銅器四千三百餘件、錫器五十八件、幢幡七十首、錦緞繡品一千四百餘件、竹木器一百一十餘份、墨刻珍品一千六百餘軸、樂器一百餘件。翰林院丟失數萬冊經史典籍，《永樂大典》又失去三百零七冊。內務府後來報告，皇宮失去寶物兩千餘件，內有碧玉彈二十四顆、四庫藏書四萬七千五百零六本。（《金滿樓：歷史的轉彎處：晚清帝國回憶錄》）

慈禧對光緒一貫疾言厲色，教育方法粗暴性急，稍微有不合己意的地方，慈禧便是譏諷、喝斥甚至責打，或罰光緒長跪。在慈禧太后的威嚴強壓之下，光緒變得患得患失、戰戰兢兢、懦弱自卑、缺乏自信，見了慈禧如同老鼠見了貓一樣，長大以後最怕聽到聲響，連天上打雷也會嚇得渾身哆嗦。光緒去慈禧那裡請安，只要慈禧沒讓他起來，光緒就只能跪在那裡，動也不敢動一下。

庚子年事變，八國聯軍攻入北京城後，俄國和美國建議撤兵議和，但德法奧三國反對，他們還想殺幾個主戰的大臣立威。聯軍統帥瓦德西說：「懲殺這些官員，其實已經很給面子了。真正的罪魁禍首，我們還沒有提出來呢。要是連這個條件都不答應，我們只好繼續追索幕後的指使人了。」至於這幕後指使人是誰，大家心知肚明。

慈禧病危時召見慶親王和軍機大臣，問光緒皇帝病況，慶親王說快不行了，請立皇子。慈禧說：「先令載灃之子入宮讀書。」一旁的載灃趕緊推辭：「臣之子幼，載濤之子長，願太后善為計。」慈禧捶床怒罵：「你可真是糊塗！如今都什麼時候了，還說這種無用話！現在立你的兒子為穆宗毅皇帝（同治）的嗣子，你為攝政王。你雖然沒有什麼才能，但擇有才能者為佐，好歹把這江山坐住！」

八國聯軍占領北京後，慈禧太后逃往西安，並發十二道電報急令李鴻章北上主持議和大局。此時的李鴻章已是七十七歲的高齡，被貶到廣州做總督。在廣州準備登船北上之際，南海知縣裴景福問他有何辦法可以讓國家少受損失，李鴻章嘆道：「不能預料！唯有竭力磋磨，展緩年分，尚不知做得到否？吾尚有幾年？一日和尚一日鐘，鐘不鳴，和尚亦死矣！」

左宗棠與李鴻章素來不睦，甚至勢同水火。中法戰爭中，中國不敗而敗，左宗棠在得知李鴻章簽訂了《中法條約》後，對李鴻章作出如下批評：「對中國而言，十個法國將軍，也比不上一個李鴻章壞事」；「李鴻章誤盡蒼生，將落個千古罵名」。

李鴻章在晚年對自己的人生作出如下的總結：「我辦了一輩子的事，練兵也，海軍也，都是紙糊的老虎，何嘗能實在放手辦理，不過勉強塗飾，虛有其表，不揭破尤可敷衍一時。如一間破屋，由裱糊匠東補西貼，居然成一間淨室，明知為紙片糊裱，然究竟不定裡面是何等材料。即有小小風雨，打成幾個窟窿，隨時補葺，亦可支吾應付。乃必欲爽手扯破，又未預備何種修葺材料，何種改造方式，自然真相破露，不可收拾，但裱糊匠又何術能負其責？」

曾國藩和李鴻章是晚清最為著名的中興名臣。慈禧曾說：「蒼天有眼，虧得曾國藩走後有李鴻章，李鴻章真能幹呀！」

《清史稿》這樣評價李鴻章：「中興名臣，與兵事相終始，其勛業往往為武功所掩。鴻章既平大難，獨主國事數十年，內政外交，常以一身當其衝，國家倚為重輕，名滿全球，中外震仰，近世所未有也。生平以天下為己任，忍辱負重，庶不愧社稷之臣；唯才氣自喜，好以利祿驅眾，志節之士多不樂為用，緩急莫恃，卒致敗誤。疑謗之起，抑豈無因哉？」

庚子之變，在兩度被洋人們趕出紫禁城後，慈禧太后也預感到，眼下朝廷內憂外患，不是搞些皮毛的維新改革就能頂用的，此時的慈禧太后才真的想到要「雪恥自強」。西逃途中，慈禧太后也曾感嘆道：「現在鬧到如此，總是我的錯頭，上對不起祖宗，下對不起百姓，滿腔心事，更向何處述說呢？」

一九〇一年一月，逃到西安的慈禧太后釋出諭旨，準備開始實施「新政」。為了給三年前親手扼殺了的維新變法找一個合適的藉口，把當年那些破事推個一乾二淨，她借光緒皇帝的口在諭旨中與康梁等人撇開關係：「康逆（有為）之談新法，乃亂法也，非變法也。……皇太后何嘗不想更新，朕何嘗概行除舊？……今者恭承慈命，一意振興，嚴禁新舊之名，渾融中外之跡。」

慈禧太后從西安重返北京，一路上不斷有人貼出匿名揭帖，諷刺太后的昏聵。其中一帖這樣寫道：「一心逐洋人，養成神拳神。洋人不能逐，賠錢反折兵。目翠華西幸，一年求和成。洋兵入境後，屋產劫火焚。今年賠款大，剝削我黎民。富者封物產，貧者罪其身。父哭與兒啼，淒聲不忍聞。今時皇差大，官吏饞狼奔。敢近蹕路行，罰銀三千金。鄰蹕路左近，拆屋且毀墳。嗟我民何罪，為此中國民。怕官吏如虎，民自視如鼠。慈哀思我后，后來復其蘇。」

庚子之變後，有位外國人在出席清國一次宮廷禮儀活動時見到了光緒皇帝：「大清國皇帝陛下的容貌看上去要比他的實際年齡更顯衰老。他額部凹陷，臉色發黃。看到我們這群外交官時，他的精神羞怯，那呆滯的眼神此時此刻可能是由於鴉片或咖啡的作用而有了光澤。他的嘴角流露出的是悲傷的、疲憊和帶有些孩子氣的笑容。當他咧開雙唇時，嘴裡露出的是參差不齊的長長的黃牙齒，兩側臉頰上都出現了深深的凹坑。他的表情並非缺乏同情心，不過更多表現出的是麻木不仁。從他的容貌上，我們看不到一點生趣。」

慈禧太后逃到西安後，改陝西巡撫官署為行宮，又講究起排場來，在西安御膳一天的費用，就要花去二百兩銀子。老太后還對岑春煊說：想當初在北京的時候，御膳的費用比這個要多幾倍呢，現在已經省了很多了！

一九〇一年後，清政府推行新政並頒布了〈勸行放足歌〉，號召百姓戒除纏足陋習，裡面有這樣的歌詞：「照得女子纏足，最為中華惡俗。唯當纏足之時，任其日夜號哭。對面置若罔聞，女亦甘受其酷！為之推原其故，不過扭於世俗……」

醇親王奕譞為人本分，性格隨和，其子載湉被慈禧選為皇位繼承人時，奕譞嚇得當場昏倒在地。載湉當了皇上後，奕譞更是謙恭自抑，從不敢以皇帝的生父自居。為了避免引起慈禧的疑心，奕譞親自撰寫家訓道：「財也大，產也大，後來兒孫禍也大。若問此理是若何？兒孫錢多膽也大，天祥大事都不怕，不喪自家不肯罷。財也小，產也小，後來兒孫禍也小，些許財業知自保，儉使儉用也過了。」

奕譞雖然為人謙和，追求平淡，但其側福晉劉佳氏卻是個不甘受人擺布的人。兒子載灃已與某滿洲貴族之女訂婚，不料慈禧橫加干涉，硬將自己的寵臣榮祿之女嫁給了載灃。劉佳氏對「老佛爺」屢屢干涉王府家事極為不滿，在背後沒少罵慈禧為老妖婆。溥儀被接進宮做了皇帝後，這位老祖母當場就暈過去了，醒來後對慈禧太后破口大罵：

「搶了人家的兒子不算，還要搶人家的孫子！當個皇帝的虛名，還不是終身監禁！」

一九〇〇年庚子之役中德國公使克林德被殺，德皇強令清廷派遣親王前往德國謝罪。一九〇一年，剛滿十八歲的載灃接受了這個尷尬的出使，前往德國謝罪。到德國後，德方要求行跪拜禮，載灃聽聞後堅決不做，託病不行，「寧蹈西海而死，不甘向德皇跪拜」。後來德皇迫於世界輿論的壓力，終於答應只行鞠躬禮。

一九〇一年九月（光緒二十七年七月），李鴻章在他的遺摺裡這樣寫道：「竊念多難興邦，殷憂啟聖。伏讀迭次渝旨，舉行新政，力圖自強。慶親王等皆臣久經共事之人，此次復同患難，定能一心協力，翼贊訏謨，臣在九泉，庶無遺憾。」

改良派的梁啟超說：「民族主義者，世界最光明、正大、公平之主義也，不使他族侵我之自由，我亦毋侵他族之自由。其在於本國也，人之獨立；其在於世界也，國之獨立。使能率由此主義，各明其界限以及於未來永劫，豈非天地間一大快事？」

八國聯軍侵華後，民間救亡思潮迅速轉向了「民族主義救中國」的新模式。革命派的《浙江潮》雜誌說：「今日者，民族主義發達之時代也，而中國當其衝，故今日而再不以民族主義提倡於吾中國，則吾中國乃真亡矣！」

一九〇四年七月，清政府舉行了中國歷史上最後一次科舉考試。這次殿試的前三名分別為：狀元劉春霖，榜眼朱汝珍，探花商衍熙。

日俄戰爭後，受刺激的國人要求立即廢除科舉的呼聲大為高漲。袁世凱、張之洞、端方等地方督撫大員上奏請求廢除科舉，稱：「科舉一日不停，士人皆有僥倖得第之心，民間更相率觀望。」

第十一章：辛亥風雲

一九〇一年九月，李鴻章在病榻上上奏朝廷：「臣等伏查近數十年內，每有一次構釁，必多一次吃虧。上年事變之來尤為倉促，創深痛巨，薄海驚心。今議和已成，大局稍定，仍希朝廷堅持定見，外修和好，內圖富強，或可漸有轉機。」

李鴻章去世前曾留下這樣的遺詩：「秋風寶劍孤臣淚，落日旌旗大將壇。海外塵氛猶未息，諸君莫作等閒看。」李鴻章去世後，當時有人用「權傾一時，謗滿天下」來形容他。

梁啟超在撰文評價李鴻章之功過時明確表示：「李鴻章不識國民之原理，不通世界之大勢，不知政治之本原。」而他所認為的「世界之大勢」即是民族主義。「今日欲救中國無他術焉，亦先建設一民族主義之國家而已。以地球上最大之民族，而能建設適於天演之國家，則天下第一帝國之徽號，誰能篡之。」

一九〇四年，日本內田康哉問清廷外務部伍廷芳，「皇太后駕崩後皇上會如何？」伍廷芳說：「不會有這種情況的，太后臨駕崩時會慮及自身安全而謀害皇上，到時萬望貴國能派在中國的軍隊救出皇上。」

《蘇報》由一批革命黨人執筆，因宣揚革命思想激進而引起清廷的不滿，江蘇候補道俞明震前往上海查辦此事，找《蘇報》的撰稿人之一吳稚暉談話。俞明震說：「蘇報鬧得太厲害了，夢坡（《蘇報》創辦者陳範字夢坡）我熟人……先生等勸其溫和些，太炎先生似乎鬧得亦太凶。」吳稚暉說：「二人脾氣，恪士（俞明震字恪士）先生所知，但朝政如此，亦難怪出言憤激。」俞明震說：「話如此說，太厲害，也叫當道受不了。」

章太炎曾作過一首〈逐滿歌〉：「地獄沉沉二百年，忽遇天王洪秀全；滿人逃往熱河邊，曾國藩來做漢奸。洪家殺盡漢家亡，依舊猢猻作帝王；我今苦口勸兄弟，要把死仇心裡記。」

章太炎入獄後，寫下了〈獄中答新聞報記者書〉發表在《蘇報》上：「吾輩書生，未有寸刃匕足與抗衡，相延入獄，志在流血。」

光緒向慶親王抱怨說：「太后若仍不給我事權，我願退讓此位，不甘做亡國之君。」慈禧太后得知後大怒：「他不願坐此位，我早已不願他坐之！」經過慶親王的竭力勸說，慈禧這才說：「由他去辦，俟辦不出模樣再說。」慶親王回來後沒有把慈禧大怒的事告訴光緒，只是輕描淡寫地說：「太后不禁皇上辦事。」

光緒與慈禧關係緊張。有一次，慈禧對手下發脾氣說：「把那個東西趕快給我帶走！」正巧這句話被光緒皇帝聽到了。光緒皇帝心中極為鬱悶，當他返回自己房間後，大發雷霆，猛摔古玩，以發洩心中的怨氣。

章士釗在《蘇報》頭版位置的一篇文章中指名罵光緒皇帝：「載湉小丑，未辨菽麥！」清廷大怒，下令抓捕《蘇報》撰稿人。館主陳範逃脫後讓兒子去通知章太炎避一避，不料章太炎卻說：「諸教員方整理學社未竟，不能去，坐待捕耳。」聽說巡捕前來搜人時，章太炎迎上去喊道：「章炳麟是我！」在獄中，章太炎悶得慌，讓鄒容也來投案。鄒容本來藏得好好的，見到章太炎的信後，想了半天，覺得不能不顧義氣，主動投案，說：「我是鄒容。」

一九〇二年，清廷頒布〈欽定學堂章程〉，次年又頒布〈奏定學堂章程〉，啟動了教育的近代化改革。主持制定〈奏定學堂章程〉的張之洞說：「至於立學宗旨，勿論何等學堂，均以忠孝為本，以中國經史之學為基，俾學生心術一歸於純正，而後以西學授其知識」。

〈奏定高等小學堂章程〉規定：「（歷史教學）其要義在陳述黃帝堯舜以來歷朝治亂興衰大略，俾知古今世界之變遷，鄰國日多，新器日廣；尤宜多講本朝仁政，俾知列聖德澤之深厚，以養成國民自強之志氣，忠愛之性情。」

〈奏定中學堂章程〉中規定：「先講中國史，當專舉歷代帝王之大事，陳述本朝列聖之善政德澤，暨中國百年以內之大事；次則講古今忠良賢哲之事蹟……」

吉爾伯特．羅茲曼（Gilbert Rozman）在他主編的《中國的現代化》（*The Modernization of China*）一書中這樣評價清廷廢除科舉的歷史地位：「一九〇五年是新舊中國的分水嶺。它象徵著一個時代的結束和另一個時代的開始，必須把它（科舉廢除）看作是比辛亥革命更加重要的轉捩點。」

一九〇三年五月十三日，《蘇報》釋出了一篇文章，其中公開倡言革命：「居今日而欲救吾同胞，捨革命外無他術，非革命不足以破壞，非破壞不足以建設，故革命實救中國之不二法門也。」

秋瑾被捕後，知府貴福立請李鍾嶽處死秋瑾。李鍾嶽說：「供證兩無，安能殺人？」貴福拿出早就準備好的浙江巡撫張曾揚的手諭說道：「此係撫憲之命，孰敢不遵？今日之事，殺，在君；宥，亦在君。請好自為之！」李鍾嶽無奈之下，只好對秋瑾說：「余位卑言輕，愧無力成全，然死汝非我意，幸諒之也。」

一九〇五年，五大臣飄洋出海去西方取經，考察歐美各國的憲政。第二年回國時，他們不僅帶來了厚厚的憲政考察筆記，還從國外買回來了一批動物：一頭大象、一直羚羊、兩頭獅子、兩匹斑馬、兩頭花豹、兩頭野牛、三隻老虎、四隻熊，四隻袋鼠，四隻鴕鳥，六隻仙鶴、八隻鹿、十四隻天鵝、三十八隻猴子。

清廷宣布立憲後，馬相伯在上海的各界人士慶祝會上說：「我中國以四五千年破壞舊船，當此過渡時代，列強之島石縱橫，外交之風波險惡，天昏地暗，明智未開，莫辨東西，不見口案。何幸一道光明從海而生，立憲上諭從天而降，試問凡我同舟，何等慶幸！」

晚年光緒長期受著健康狀況和精神狀態不佳的困擾，同時也一直處於恐懼和絕望之中。《紐約時報》中記載了一項以光緒的名義下發的詔書：「自去年秋天以來，朕就一直抱病在身。朝廷推薦的醫師也未能有效地治癒朕的疾病。朕身體十分虛弱，精神不佳，飽受疼痛的折磨，吃飯沒有胃口，身體忽冷忽熱，一直無法入眠。朕急切地期待著各省督撫盡快為朕選送別的醫師，朕將重賞那些對朕提供幫助的醫師和官員們。」

慈禧曾對曹汝霖感嘆「我們中國即壞在不能團結」，曹汝霖回答：「臣以為團結要有一個中心，立了憲，上下都應照憲法行事，這就是立法的中心。開了國會，人民有選舉權，選出的議員，都是有才能為人民所信服的人，這就是的中心。政府總理，或由欽派，或由國會選出再欽命，都規定在憲法，總理大臣有一切行政權柄，即為行政的中心。總理大臣若有違憲之事，國會即可彈劾。若國會與政府的行策不能相容，政府亦可奏請解散，另行選舉。以臣愚見，若是立了憲法，開了國會，即能團結。」

一九〇八年十一月，光緒和慈禧太后相繼離世，年僅三歲的溥儀登基，由其父載灃攝政。當時袁世凱任軍機大臣、外務部尚書，位高權重，「內外軍政，皆是袁之黨羽」，對剛執掌大清的載灃形成了很大的威脅。載灃本想殺掉袁世凱了事，但奕劻、張之洞等重臣以北洋軍可能起事為由，竭力勸說，載灃才打消了決定，第二年以「足疾」為由，令袁世凱開缺回籍。

清廷宣布立憲後，有人作了一首〈歡迎立憲歌〉：大清立憲，大皇帝萬歲萬萬歲！光緒三十二年秋，歡聲動地球。運會來，機緣熟，文明灌輸真神速。天語煌煌，奠我家邦，強哉我種黃。和平改革都無苦，立憲在君主。大臣遊歷方歸來，同登新舞臺。四千年舊歷史開幕。英雄數鉅子之東之西，勞瘁不辭，終將病國醫。紛紛革命頸流血，無非鑾動力。一人坐定大風潮，立憲乃今朝。古維揚，新學界，傾聞立憲同羅拜、聽我此歌，毋再蹉跎，前途幸福多。

光緒的遺詔中說：「爾京外文武臣工，恪遵前次諭旨，各按逐年籌備事宜，切實辦理，庶幾九年以後，頒布立憲，克終朕未竟之志，在天之靈，藉稍慰焉。」

慈禧臨終前，對預備立憲一事心生悔意，說道：「不當允彼等立憲。」不一會兒，又嘆道：「誤矣，畢竟不當立憲。」（惲毓鼎《澄齋日記》）

直隸總督端方喜好照相。慈禧太后去世後，端方為了記錄下慈禧太后的下葬過程，特意安排人手去全程拍攝了太后的「梓宮移葬」一事。不料葬禮剛一結束，保守派——李鴻章的孫子李國傑就藉機彈劾端方：「當梓宮奉安之時，為臣子者搶地呼天，攀號莫及，而乃沿途拍照，毫無忌憚，豈唯不敬，實係全無心肝。」結果端方被趕下了直隸總督的位置。

一九〇九年，湖南發生水旱兩災，長沙米價飆升，老百姓深受其害，聚眾鬧事。巡警道臺賴承裕訓斥飢民：「我們福建人在茶館裡喝一壺茶就要一百文，你們長沙人進茶館喝的也是一樣，為什麼不嫌貴?米是大家都要吃的，每升制錢八十文，哪裡貴了?你們在這裡鬧事，就是造反！造反是要殺頭的！」結果他的這番恐嚇反而惹了眾怒，被憤怒的飢民一擁而上，官服撕爛，自己也給狠狠揍了一頓。

大太監李蓮英在慈禧和光緒皇帝去世後，請求退休出宮。離開前，李蓮英做了一件聰明事，他把慈禧賜給他的七大捧盒珍寶全部送給了隆裕太后，並說：「這是皇家東西，不應該流入民間，奴才我小心謹慎地替皇家保存了幾十年，現在年老體衰，乞求離開宮廷，所有這些寶物，奉還給主子。」

清廷宣布預備立憲並推行地方自治後，定以九年為預備立憲期，這樣一個激進方案仍被許多人認為太慢。梁啟超就曾激憤地說：「現今之政治組織不改，不及三年，國必大亂，以至於亡，而宣統八年（一九一六年）召集國會為將來歷史上必無之事。」

依照預備立憲的計畫安排，清廷要進行九年的預備工作後方能召開國會，頒布憲法。一九〇八年各省開始籌備諮議局，一九〇九年便舉行諮議局選舉。但民眾們對這個進度顯然還不夠滿意，大都希望能在兩三年內便召開國會，各省代表也多次赴京請願速開國會，「期以一年之內召開國會，則天下幸甚！」湖廣總督張之洞也這樣說道：「立憲實行，愈速愈妙，預備兩字，實在誤國。」

面對國內革命黨此起彼伏的暗殺與起義，慶親王奕劻為之頭痛不已，如此說道：「欲弭革命之叛亂，捨實行立憲主義，實無良策。蓋此輩無他術，只以中國為專制政體，專以壓制為惑人之術。我若及早頒布實行，則革匪無術以惑人。」

慈禧在病榻上召集軍機大臣張之洞、世續和那桐，準備讓載灃的兒子，未滿三歲的溥儀繼位。世續和張之洞擔心隆裕皇后再來個垂簾聽政，共同奏稱：「國有長君，社稷之福，不如直接立載灃。」慈禧太后猶豫了一下，說：「你們說立長君，也不是沒有道理。但是，要是我不為穆宗(同治)立後，終究是對不起他。要不就立溥儀為帝，仍令載灃主持國政，如此的話，公義私情，兩無所憾。」

慈禧下葬時，《電訊報》的駐華記者做了一個詳細報導：「最後一大批清朝的高官走上前來。他們身上只穿著黑色的喪服。他們的官帽上摘掉了表示官銜的飾物，即紅珊瑚和藍寶石頂子，以及孔雀羽毛。他們是大清王國最高層的官員，其中包括了親王、御史和大臣。所有的人都帶著哀悼的神情從我們面前經過，衣著質樸，就像老百姓那樣，身邊都未帶隨從……現場像死一般的寂靜，站在土丘上那成千上萬的人們也都靜穆無語。就像一位女神正從他們面前被抬過，其靈柩一搖一晃，莊嚴地向前挪動。」

攝政王載灃的團扇上錄有白居易的一首詩：「蝸牛角上爭何事，石火光中寄此身。隨富隨貧且隨喜，不開口笑是痴人。」從此詩中不難看出來，載灃性情平淡，根本就對政治毫無興趣。

慈禧太后在宣布載灃之子溥儀繼位，載灃為攝政王的時候，載灃嚇得伏在地上，叩頭力辭，慈禧太后忿然說：「如果覺力不勝任，溥偉最親，可引以為助」。這讓恭親王奕訢的孫子溥偉一陣欣喜。但張之洞擬定的懿旨公布後，最後卻是只有載灃任攝政王，沒他什麼事。溥偉責問張之洞為何在詔旨中沒有皇太后要溥偉助政之語，老張答：「攝政王以下，吾等臣子均為朝廷助政之人，又安可盡寫入懿旨？」溥偉無語。

溥偉在這場權力的角逐中被邊緣化，心有不甘，幾次鬧事。載灃和奕劻以宣統名義頒布上諭警告：「欽奉大行太皇太后懿旨，軍國政事，均由監國攝政王裁定，是即代朕主持國政，黜陟賞罰，悉聽監國攝政王裁度施行。自朕以下，均應恪遵遺命，一體服從。懿親宗族，尤應懍守國法，矜式群僚。嗣後王公百官，倘有觀望玩違暨越禮犯分、變更典章、淆亂國是各情事，定治以國法，斷不能優容姑息。」

載灃上臺主政後，最棘手的問題就是如何處置擁兵自重、羽翼已成的袁世凱。肅親王善耆和鎮國公載澤曾密告載灃：「內外軍政，皆是袁之黨羽，從前袁所畏懼的是慈禧太后，如今太后一死，在袁心目中已經無人可以箝制他。」並建議及早除掉。「異日勢力養成，削除更為不易，且恐禍在不測。」

載灃和隆裕太后想除掉袁世凱，把首席軍機大臣慶親王奕劻請來商議。奕劻聽後立刻伏在地上，囁嚅半天說，這事您還是和張之洞商量一下吧。把張之洞叫過來後，老張說：「國家新遭大喪，主上又年幼，當前為此穩定的大局最為重要，此時誅殺大臣，先例一開，恐怕後患無窮」。載灃仍遲疑不定，張之洞又說：「王道坦坦，王道平平，願攝政王熟思之，開缺回籍可也」。

載灃和隆裕太后在宮中商議除掉袁世凱一事，早有親信給袁世凱通風報了信。老袁得知後嚇得夠嗆，急忙找來幕僚商議對策，隨後悄悄跑去了天津。袁世凱失蹤的消息在京城不脛而走。直到朝廷「罪只及開缺，無性命之虞」的消息傳來後，老袁才回了北京。張之洞得知後對左右調侃道：「人家都說袁世凱不學無術，我看哪，他不但有術，而且是多術，你看他這次倉皇出走，能找的地方都找遍了，誰能知道他躲在哪裡？我現在算是知道什麼叫『術』了。」

載灃經過慎重考慮後，決定不殺袁世凱，以「患足疾」為藉口將其開除回家，上諭中寫道：「內閣軍機大臣外務部袁世凱，夙承先朝屢加擢用，朕御極復予懋賞，正以其才可用，俾效驅馳。不意袁世凱現患足疾，步履艱難，難勝職任。袁世凱著即開缺回籍養痾，以示體恤之至意。」

末代皇帝溥儀說：「殺袁世凱和保袁世凱的問題，早已不是什麼維新與守舊、帝黨與後黨之爭，也不是滿漢顯貴之爭了，而是這一夥親貴顯要和那一夥親貴顯要間的奪權之爭。」

載澤與慶親王奕劻的矛盾很大，常對載灃說：「你要不聽大哥的話，老慶（奕劻）就要把大清江山斷送了！」

慶親王奕劻在官場上混了多年，對朝政有著巨大的影響力。當時流傳著一句話：「奕劻只要稱老辭職躲在家裡不出來，攝政王立刻就慌了手腳。」

美國學者恆慕義（Arthur William Hummel）在《清代名人傳略》中說：「載灃幾乎毫不具備做攝政王的一切必要能力。他無力節制他的兄弟和其他王公顯貴，他被迫授予他們政府高位，而不考慮他們的能力。因此，他失去了許多有才幹的漢族官員的支持，否則這些漢族官員在一九一一年的革命爆發時本會站在他的這一邊。」

一九〇七年二月，孫中山和黃興便因為採取何種旗幟而發生激烈爭執。孫中山堅持要用青天白日旗，而黃興則認為青天白日旗有仿效日本國旗的嫌疑，主張用井字旗。孫中山聽後非常生氣，說道：「我當年在南洋鬧革命的時候，幾萬人託命於此旗下，你要想毀棄的話，就先把我給毀棄了先！」黃興當場發誓要「脫同盟會籍」。一旁的宋教仁也提出辭職。黃興眼見事情越鬧越大，只好退讓一步。

一九〇八年十一月光緒皇帝與慈禧太后的相繼去世，清廷的權利權力中心出現了真空，年輕而沒有經驗的攝政王載灃面臨的是一個爛攤子。對他而言，內有隆裕太后掣肘干預，外受奕劻、載澤、溥倫等人挾制，革命和暗殺活動又此起彼伏，老謀深算的袁世凱根基已成，擁兵自重。處於這樣一種錯綜複雜的紛爭之中，僅憑載灃人之力，如何能力挽狂瀾？

有一御史上奏，光緒帝閱後，對軍機大臣說道：「外頭言論，可信的真少。即如我實在有病，奏中則言無病，另有別的緣故。」慈禧太后說：「誰敢說這樣亂話，當治以死罪。」光緒說：「自覺體氣虛弱，太后萬壽之期將到，恐怕不能叩賀。」慈禧聞之，深為憫然，對光緒說：「你保養身體要緊。我望你病好，比叩頭重大得多。」

慈禧有一次由頤和園乘舟回西苑，離園時，遠遠望見萬壽山，慈禧對一旁的瑾妃說：「皇帝病重，我們去後，恐怕一時不能到這裡來了。」到萬壽寺後，慈禧太后下舟，由兩個太監扶著如轎，照例上香於寺中。慈禧天後去世後，服侍的人回憶此次上香，有一預兆，慈禧太后上的香中，最後一根未燃也。

據說溥儀登基的時候，陝西西安流傳著這樣一首歌謠：「不用掐，不用算，宣統不過兩年半」。

一九〇四年七月，兩廣總督岑春煊在電奏朝廷的奏摺中如此說道：「欲圖自強，必先變法；欲變法，必先改革政體。為今之計，唯有舉行立憲，方可救亡。」

自立軍領袖唐才常曾這樣說道：「五洲之國，分為三等：君主、民主、君民共主。……英國君民共主，公私兩便。美國華盛頓禪位民主，至今風俗純厚。」

一九〇五年，清廷宣布立憲新政重要措施，派載澤、徐世昌、紹英、戴鴻慈、端方五大臣出洋考察憲政。革命黨刺客吳樾認為，清廷此舉是欺騙民意，在滿族皇室統治下，憲政不可能有任何前途，於是在北京正陽門車站上演了刺殺五大臣事件。稍後，其紹命書公布於世：「樾生平自認為中華革命奇男子，絕不甘為拜服異種非驢非馬之立憲國民也，故寧犧牲一己肉體，以剪除此考求憲政之五大臣。」

載澤赴日本考察憲政。載澤：「我們實行憲政，以何國最為適宜？」伊藤博文：「各國憲政，無外乎兩種：一種為君主立憲國，一種為民主立憲國。貴國數千年為君主國，主權在君，和本國歷史類似，參用我國制度為宜。」載澤：「立憲後，對君主制度有無障礙？」伊藤：「對我國而言，並無障礙。日本憲法規定，天皇神聖不可侵犯，天皇為國家之元首，總攬大權，並不落於臣民。」載澤：「那君主立憲和君主專制有何區別？」伊藤：「最大區別在於專制國的君主不經過法律，隨意下詔，而君主立憲國的法律必須經過會議討論通過後，由君主裁定公布。法律一經公布，任何人均需遵循。」

在許多人看來，慈禧太后推行新政和立憲措施，不過是為了拖延時間，愚弄百姓，但事實卻並非如此。據她自己所言，「立憲一事，可使我滿洲朝基礎永久確固，而在外革命黨亦可因此消滅，候調查結局後，若果無妨礙，則必決意實行。」

清廷的考察團到達美國後，美國總統羅斯福（Theodore Roosevelt Jr.）熱情地接待了他們，還在百忙之中給光緒皇帝寫了一份信：「我非常樂意接待這些先生，我將精心安排他們去考察我國的一些地方和部門，以便讓他們順利完成考察任務。我將為您的考察團提供一個方便而有效的計畫。」

考察團到達比利時時，七十歲高齡的比利時國王親自接待，並到使館回訪。載澤很感動，說：「人之重我者，或非無因，在我要當亟圖自重之策；人之輕我者，何莫非忠告，我當益自警覺奮發，勿啟自侮之端。」

端戴考察團到美國後，參觀了美國國父華盛頓（George Washington）的紀念館和故居，對裡面樸素和簡陋的設施留下了深刻的印象。戴鴻慈在後來的日記中寫道：「蓋創造英雄，自以身為公僕，俾宮惡服不自暇逸，以有白宮之遺型，歷代總統咸則之。誠哉，不以天下奉一人。」

憲政考察團到俄國時，戴鴻慈等人特意前去拜訪了俄國前首相維特（Sergey Vitte），請教關於中國的立憲事宜。維特說：「中國立憲，當先定法律，務在延中西法律家斟酌其宜；既定之後，君民俱要實行遵守，然後可言立憲，約計總以五十年準備」。

端方和戴鴻慈考察憲政回國後，給各省督撫發了電報，商議立憲一事：「此次調查歐美各國政治，無不以憲法為其國本。諸政可因時制宜，唯憲法一成不變。雖有內憂外患，而國本鞏固不能動搖。觀日本之立憲，出於朝廷之遠見；俄羅斯之立憲，則由於人民之要求。一得一失，可為前鑑。鄙意擬奏請先行宣布立憲，諭旨以十年或者十五年為期，頒布實行。一面規劃地方自治，中央行政，以求明智之發達，而為立憲之預備。」

憲政考察團在出發前，慈禧太后特意召見端方，問他：「如今新政都已經實行了幾年，你看還有什麼該辦，但還沒有辦的？」端方回答說：「尚未立憲。」慈禧太后又問：「立憲有什麼好處？」端方說：「立憲後，皇位置則可以世襲罔替。」慈禧說，那你給我仔細說說吧！端方於是講了足足有半個多小時，慈禧聽後若有所思。

五大臣出洋考察憲政，國外輿論對清廷派出考察團一事的反應十分熱烈。《泰晤士報》發表了一篇題為〈中國人的中國〉的文章，裡面評論道：「人民正奔走呼號要求改革，而改革是一定會到來的……今天的北京已經不是幾年前你所知道的北京了。中國能夠不激起任何騷動便廢除了建立那麼久的科舉制度，中國就能實現無論多麼激烈的變革。」

一九〇四年十一月，廣州的《時敏報》刊登了一篇宣揚立憲的文章：「近今評論家有日：『中國之專制一日不變，則革命之風潮一日不息』。旨哉，言乎！……吾聞是言，為之更進一解曰：『中國之專制不變，則新政不能大行』。然則中國而不欲興則已，中國而果欲興耶，捨立憲法其曷以哉？」

徐錫麟刺殺安徽巡撫恩銘被捕後，巡警部侍郎毓朗審問他，喝令徐錫麟跪下。徐錫麟說：「你別洋洋得意，你若慢走一步，恐怕也被我擊斃了！」接著，徐錫麟又問：「恩銘死了嗎？」安徽按察使聯裕等人騙他說巡撫大人僅受微傷，徐錫麟聽後很洩氣，低頭不語。聯裕便說：「你可知罪？明天就要剖你的心肝了！」徐錫麟聽後忽然領悟，大笑道：「看來恩銘死了嘛！恩銘死了，我志得償！我志既償，即使千刀萬剮，我也在所不惜。區區心肝，何屑顧及！」（金滿樓：《帝國的凋零：晚清的最後十年》）

徐錫麟被捕審訊時，自己拿筆寫供詞說：「為排滿事，蓄志十幾年。多方籌劃，為我漢人復仇，故殺死滿人恩銘後，欲殺端方、鐵良、良弼等滿賊，別無他故，滅盡滿人為宗」，落款是「光漢子徐錫麟」。

溫生才刺殺廣州將軍孚琪被捕後，兩廣總督張鳴岐訊問他與孚琪有何冤仇，溫生才才從容答道：「唯專制之厲，國仇之未報，特為同胞雪憤慨耳！」張鳴岐說：「一將軍死，一將軍來，於事何益？」溫生才答道：「殺一儆百，我願已償」。

某日，慈禧太后召袁世凱上殿。袁正有一事想稟報，但又怕太后心情不好不敢提及，問計於李蓮英。李蓮英說：看「老佛爺」臉色行事唄！袁世凱說我哪敢仰面觀「天」啊？李蓮英又說：你跪在地上稟事時，不就在我腳下嘛，只看我的雙腳就行了。雙腳分立則暗示主子心情不錯，有話快說；雙腳合起則示意太后已面呈不快之色，請免開尊口。老袁連連答應。

一九〇四年六月，科舉狀元張謇這樣說道：「如今全球完全專制之國除了中國還有誰？以一專制之國，抵擋眾立憲民主之國，有倖存之理乎？」

一九〇六年，兩廣總督端方上奏朝廷，要求變專制政體為立憲政體：「欲判斷一個國家唉的內政清明不清明，不必問其他的，只要問一問他的政體是專制還是立憲就明白了。」

革命黨領袖黃興曾在一九〇六年感慨道：「凡是革命的事業，世界人人都表同情的。唯有自己的國民卻不是要他表同情，是要他負這革命的責任。」

一九〇八年十一月，打入安徽新軍內部的同盟會員熊成基、范傳甲等人密謀乘機舉事。雙方約定：熊成基率人馬會攻省城安慶，范傳甲在城內伺機策應。不料安徽巡撫朱全寶早有防備，將新軍營房鎖死。等范傳甲脫身後起義早已失敗。范傳甲憤而刺殺清軍協統余大鴻被捕，臨刑前大呼：「我是漢族無用之人，致此次革命未得成功，願我同胞共同殺賊，勿因我之未成而氣餒也！」

一九〇九年，革命黨理論家汪精衛決意北上刺殺攝政王載灃，臨行前留給胡漢民八字血書：「我今為薪，兄當為釜。」

一九一〇年，熊成基因被人告發而在東北被捕，供詞中寫道：「我今早死一日，我們之自由樹早得一日鮮血，早得血一日，則早茂盛一日，花方早放一日，故我現望速死也。」

同盟會內部發生分歧，革命一時陷入了低潮。改良派的代表梁啟超聽說後曾欣喜地對別人說：「數年前革命之說遍天下，自預備立憲之詔既頒，乃如湯沃雪。夫一詔安能有此奇效？希望心有所寄，則民氣不期靖而自靖。」

一九一二年二月十二日，即宣統三年十二月二十五，隆裕太后以宣統皇帝的名義頒發了退位詔書，清帝遜位。攝政王、末代皇帝溥儀的生父載灃從宮裡回到家中，面對哭哭啼啼的老婆孩子，對家裡人說：「從此好了，我可以回家抱孩子了。」正如溥傑在《父親醇親王載灃》中所描述的那樣：我父親雖然成了國家擁有最高權力的人，可是他是個老實人，也和我祖父一樣，都是把權力看得較淡。

袁世凱在第二次參加科舉考試而名落孫山後，羞憤之中將以前所作的詩文全部付之一炬，說：「大丈夫當效命疆埸，安內攘外，烏能齷齪久困筆抵硯間自娛光陰耶？」

李鴻藻大學士對袁世凱評價極高，說他「家世將才，嫻於兵略，如令特練一軍，必能矯中國綠防各營之弊」。

袁世凱對軍隊管理極嚴，制定的軍紀嚴密。他親自制定了新建陸軍〈斬律十八條〉，要求士兵嚴格遵守，其中包括：「臨陣回顧、退縮及交頭接耳私預壓者斬；遇差逃亡，臨陣詐病者斬；結盟立會，造謠惑眾者斬；持械鬥毆及聚眾鬨鬧者斬；黑夜驚叫疾走亂伍者斬。」

袁世凱治軍相當嚴厲，每天白天監督操練情況，晚上則巡視各營，從不懈怠。有一天晚上，袁世凱巡視軍營，偶然發現一士兵在偷食鴉片，袁世凱當場拔出佩刀將之處死，全營上下為袁世凱的霹靂手段之所震驚。自此以後，軍營中再無人敢食鴉片。

袁世凱在軍營中以身作則，他和普通士兵一樣，著軍服、紮皮帶、穿馬靴、掛佩刀，一副赳赳武夫的樣子。在平時的訓練中，袁世凱經常親臨現場觀看操練。某次閱兵時突然下起大雨，他手下的軍官要給他打傘，他堅決不讓，說：「士兵都在雨中，我怎麼就不能淋雨？」不僅如此，袁世凱還經常深入各營接近下級軍官和士兵，甚至連棚頭這樣的小頭目都能叫出名字，這一點很不簡單。（金滿樓：《帝國的凋零——晚清的最後十年》）

袁世凱針對士兵們大都不識字的情況，讓文膽徐世昌編了一些通俗易懂的歌曲，如〈勸兵歌〉中就有這樣的句子：「諭爾兵，仔細聽：為子當盡孝，為國當盡忠。朝廷出利借國債，不惜重餉來養兵。一年吃穿百十兩，六品官俸一般同。如再不為國出力，天地鬼神必不容。自古將相多行伍，休把當兵自看輕。一要用心學操練，學了本事好立功。軍裝是爾護身物，時常擦洗要乾淨二要打仗真奮勇，命該不死自然生……一篇勸爾要緊歌，務必字字記的清。」

袁世凱在訓練新軍時，刻意加強個人權勢，灌輸「袁大人是我們的衣食父母，我們要為袁大人賣命」的思想，把這支新建陸軍變成了袁家軍。每天上下操集合時，官長都要問士兵：「我們吃誰的飯？」士兵們齊聲回答：「我們吃袁宮保的飯！」官長又問「我們給誰出力？」士兵們又齊聲回答：「我們替袁宮保出力！」

一九一一年十月十日，埋葬了清王朝的武昌起義爆發。素有「怪才」之稱的辜鴻銘對這次革命起義抱有極大的信心與熱切的期盼，他在十月二十四日寫道：「正如薩摩藩叛亂後現代日本誕生了一樣，在這次武昌革命之後，我們也將迎來新中國的開端。目前這種極為嚴峻的形勢，是新中國誕生後的最後陣痛。」

隆裕太后彌留之際，對七歲的溥儀說：「汝生帝王家，一事未喻，而國亡。而母死，茫然不知。吾別汝之期至矣，溝瀆道途，聽汝自為而已。」隨後又對侍立一旁的太保世續說：「孤兒寡母，千古傷心，睹宮宇之荒涼，不知魂歸何所。」其語悽慘悲涼，為世人所知。

革命黨為推翻清廷統治，與洪門結盟。洪門的祕密口號為「明大復心一」，反過來讀就是「一心復大明」。洪門口號暗語「多以鄙俚粗俗之言表之」，殺人曰洗身，割耳曰取順風，發誓曰斬雞頭，參謀曰紙扇，幹事曰草鞋，等等。結義時燒三把半香，「頭把香，效法羊角哀、左伯桃結成生死之交；二把香，效法桃園三結義，不願同年同月同日生，但願同年同月同日死；三把香，效法梁山一百零八將；半把香，義氣不尋常，單雄信不投唐，秦瓊泣血哭留半把香」。

一九〇三年，孫中山在檀香山加入江湖會黨洪門組織，被封為「洪棍」（首領）。興中會主要核心成員陳少白、朱貴全、程奎光、丘四、謝纘泰等人，都為會黨中重要分子，當時孫中山先生身邊的許多人多半是會黨中人。

一九〇五年，在孫中山的建議下，組建了一個統一的革命團體——中國同盟會，以「驅除韃虜，恢復中華，創立民國，平均地權」為綱領。孫中山成立同盟會時，曾仿照江湖祕密會黨設有聯繫暗號。問：何處人？答：漢人。何物？答：中國物。何事？答：天下事。

庚子年事變後，有人問大學堂監督張亨嘉中學與西學孰優孰劣，張亨嘉回答道：「中國積弱至此，安有學？即有學，安敢與外人較優劣？假而甲午爭朝鮮，一戰而勝日；戊戌援膠州，再戰而勝德。諸夷跂足東望，謂中國之盛由人才，人才出科舉，歐美各邦將有效吾楷折八股而立中華學堂者矣！」

一九〇五年，清廷以科舉「阻礙學堂，妨礙人才」為由，下詔停罷科舉。消息一出，士人大譁。山西老舉人劉大鵬聽說後萬念俱灰，他在日記中寫道：「甫曉起來心若死灰，看得眼前一切，均屬空虛，無一可以垂之永久，唯所積之德庶可與天地相始終。但德不易積，非有實在功夫則不能也。日來凡出門，見人皆言科舉停止，大不便於天下，而學堂成效未有驗，則世道人心不知遷流何所，再閱數年又將變得何如，有課可憂可懼之端。」

丁韙良對清末的新政和改革表示出了極大的興趣和期盼，他在《中國覺醒》一書中寫道：「中國是一個具有無窮精力之民族的故鄉，它如今之偉大和未來之繁榮都足以令人仰慕不已……用蒸汽和電力將這個龐大國家的所有成員都凝聚在一起時，我們很難想像它未來將會變得多麼強盛。」

攝政王載灃的胞弟載濤這樣評價載灃：「遇爭優柔寡斷」，「做一個承平時代的王爵尚可，若仰仗他來主持國政，應付事變，則決難勝任。」

攝政王載灃內心最擔心和害怕的還是袁世凱。載灃家裡的小孩，包括溥傑等，「看到袁世凱的相片，都會去剜他的眼睛」。

一九〇九年六月，攝政王載灃想免去津浦鐵路總辦道員李順德等漢族官員的職務，徵求張之洞意見。張之洞聽後表示反對：「不可，輿情不屬。」載灃堅持，張之洞又說：「輿情不屬，必激起事變」，載灃則滿不在乎地說：「有兵在。」

一九一一年七月二十六日，武漢《大江報》刊登了一篇名為〈大亂者，救中國之妙藥也〉的「反動」文章，開篇寫道：「中國情勢，事事皆現死機，處處皆成死境。膏肓之疾，已不可為，然猶上下醉夢，不知死期之將至。」

在時任《泰晤士報》的駐華記者莫理循（George Ernest Morrison）筆下，一九一一年的北京是這個樣子的：「北京到處都在鋪石子路，重要的宅邸家家都點上了電燈，街道也用電燈照明，電話通暢。」「老百姓的物質生活日趨豐富，這是不成問題的。無論走到哪裡，都會有財富增長的跡象映入眼簾。」

辛亥革命時，革命黨一開始節節敗退，袁世凱向革命黨透露出和談之意。黃興隨即致電給袁世凱，「明公之才，高出興等萬萬，以拿破崙、華盛頓之資格出而建拿破崙、華盛頓之事功，即南北各省當局，亦無不拱手聽命者。」

《劍橋中國晚清史》說：「中國在十九世紀經歷了一出完全的悲劇，成了一次巨大的、史無前例的崩潰和衰落過程，這場悲劇是如此緩慢、無情而又徹底，因而它更加痛苦。舊秩序為自衛而戰，它緩慢的退卻，但始終處於劣勢，災難接踵而至，一次比一次厲害，直到中國對外國人的妄自尊大，北京皇帝的中央集權，占統治地位的儒家正統觀及由士大夫組成的統治上層一個接一個被破壞、摧毀為止。」

梁啟超反對革命，主張改良，因為革命未必是濟世良方。他認為：「革命不是最佳途徑，共和政體也不是唯一的選擇結果。當前應該以『唯一正當之手段，唯一正當之武器』，那就是改良式的君主立憲制」。

一九一一年五月八日，清廷頒布內閣官制，徐世昌、那桐二人同被授為協理大臣。這兩位朝廷大佬得以平步青雲，官運亨通，與一個人的提攜密不可分，他便是袁世凱。當時袁世凱正被攝政王藉口「足疾」罷斥逐歸河南。二人為逼迫皇室請袁世凱出山，雙雙請辭。徐於日記寫道：「蒙恩授為內閣協理大臣，時艱任重，擬具疏懇辭。」那桐亦然，「具折懇辭內閣協理大臣差事」。

一九一二年二月十二日，清帝退位，宣布共和。面對這一曠古鉅變，徐世昌日記中僅有一句話：「今日奉旨宣布共和政體，組織臨時政府。」那桐於日記裡寫道：「昨日呈進皇太后、皇上如意二柄，今日蒙恩賞還。風定天晴，氣象甚好。此後遵照臨時大總統袁通告，改書陽曆。」江山鼎革、王朝傾覆之際，徐世昌如此淡定，那桐非但沒有痛心疾首，反而滿懷喜悅，相機而變。

赫連勃勃大王對近代史有個形象的比喻：「晚清的歷史就像一個變化多端的股票市場。在西方列強到來之前中華帝國在一個封閉的經濟圈執行，但被捲入全球經濟後西方列強就像一些凶悍的外國機構投資者，讓帝國再無寧日。譬如前兩次鴉片戰爭就讓不熟悉國際規則的帝國股票市場大幅震盪甚至飛速下挫。不久甲午戰爭的慘敗又讓帝國股市放量大跌，幾乎跌掉了洋務運動近三十年創造的市值。儘管隨後的戊戌變法開始有所反彈，但時間過於短促，很快在八國聯軍的入侵中再度重挫，直到辛亥革命才開始反轉。」

溥儀每次吃完飯後，總會有一名領班太監去給幾位太妃們彙報皇帝的用膳情況。據溥儀自己的記述，不管溥儀吃了什麼，領班太監到了太妃那裡，雙膝跪倒，然後就開始彙報情況：「奴才稟老主子：萬歲爺進了一碗老米膳（或者白米膳），一個饅頭（或者一個燒餅）和一碗粥。進得香！」

費正清說：「中國有一種深藏不露的文化優越感，當然正因如此，他們在近代落後，受到的恥辱感也格外強烈，總而言之，中國的現代化走的路要比別國多很遠。這就是因為它停滯不前的時間太長了，結果是有一種惰性抑制力讓中國的革命性變革有痙攣性，有時內部被抑制住了，有時則帶有破壞性。」

周恩來曾對載灃和平「遜位」順應潮流一事給予很高的評價：「在辛亥革命爆發後主動辭去監國攝政王的職位。後來也沒有主張對革命進行武力反抗，也沒有站出來反對宣統皇帝『遜位』。這些表現順應了時代的潮流和人民的意願，客觀上有利於革命。」

晚清有立憲與革命之爭。立憲派主張君主立憲，用上書或請願的和平方法對國家和社會進行改良。但他們中的絕大多數人都天真地相信，只要有了一個立憲國會，一切都可以辦到。革命派主推翻滿清，建立民主共和，用暴力或暗殺的方法推翻清廷，然後重新收拾舊山河。

清帝退位詔書中這樣寫道：「前因民軍起事，各省響應，九夏沸騰，生靈塗炭，特命袁世凱遣員與民軍討論大局，議開國會，公決政體。兩月以來，尚無確當辦法，南北睽隔，彼此相持，商輟於途，士露於野。徒以國體一日不決，故民生一日不安，今全國人民心理多傾向共和，南方各省既倡議於前，北方諸將亦主張於後，人心所向，天命可知。予亦何忍一姓之尊榮，拂萬民之好惡。是用外觀大勢，內審輿情，特率皇帝將統治權公諸全國，定為共和立憲國體，近慰海內厭亂望治之心，遠協古聖天下為公之義。」

一九一二年二月十二日，養心殿裡舉行了清王朝最後一次朝見儀式，大臣們也一改以往的三叩九拜之禮，以三鞠躬代替。當隆裕太后看到退位詔書時，想到大清兩百六十多年的江山最終葬送在自己手裡，日後還有何面目去見地下的列祖列宗？隆裕太后忍不住嚎啕大哭：「祖宗啊祖宗……」

一九一二年二月十二日，隆裕太后以宣統皇帝的名義頒發了退位詔書，清帝遜位。供職於宗人府的學生張傳楷聞此消息後憤而拔刀自殺，刀上刻了十六個大字：「成仁取義，孔孟所垂。讀書明理，捨此何為！」

清帝退位後第二天，袁世凱即通電南京臨時政府贊成共和：「共和為最良國體，世界之所公認。今由帝政一躍而躋及之，實諸公累年之心血，亦民國無疆之幸福。大清皇帝既明詔辭位，業經世凱署名，則宣布之日，為帝政之終局，即民國之始基。從此努力進行，務令達到圓滿地位，永不使君主政體再行於中國。」

辛亥革命雖然推翻了清王朝的統治，但它並沒有觸動到社會的基礎，前清的官吏和鄉紳搖身一變，繼續把持政權。而那些千千萬萬的底層民眾依然沒有擺脫被壓迫的命運。革命黨人蔡濟民曾寫過這樣一首七言詩：「無量金錢無量血，可憐贏得假共和。早知今日如斯苦，反悔當年種惡因。」

第十二章：名人列傳

古代中國有愛把某人的原籍當成其別稱的習慣。如叫左宗棠為左湘陰、李鴻章為李合肥、曾國藩為曾湘鄉、張之洞為張南皮、康有為是康南海，袁世凱被叫成袁項城。

道光每天起早貪黑批閱奏摺，每天累得頭昏眼花。曹振鏞想了個辦法說：「皇上每次只要看幾本奏摺，不看內容，看字，發現有錯別字的，或者筆畫不工整的，就用紅筆劃出來，然後發給大臣們傳閱，大家一看，不得了，皇上批閱奏摺如此仔細，一筆一劃都逃不過皇上的火眼金睛，今後誰還敢忽悠您？」道光大喜。

西元一八四九年，道光病重，身體一天不如一天，決定召二皇子入對。奕詝和奕訢都知道這是最後一次機會了，所以各向師傅請教，卓秉恬對奕訢說：「上如有所垂詢，當知無不言，言無不盡」。杜受田對奕詝說：「阿哥如條陳時政，智識萬不敵六爺。唯有一策，皇上若自言老病，將不久於此位，阿哥唯伏地流涕，以表孺慕之誠而已。」這老師知道自己的學生笨，只好因材施教，教他以孝藏拙。最終四阿哥奕詝打動了道光，將其定為接班人。

軍機大臣曹振鏞是道光最寵信的大臣。曹振鏞為官之道，據他自己總結只有六個字：「多磕頭，少說話。」

張子虞任湖南學政時，有一個名叫楊柳青的士人。張子虞點名叫他過來，訓斥道：「楊柳青乃是天津歌妓的名字，你一個讀書人，如何敢用這樣的名字？」隨後用紅筆幫他改了名。該生進入考場之後，一同前來考試的人戲謔說：「楊姑娘，今日蒙學臺大人賞識矣。」

咸豐五年，康慈皇太妃病危。有一次，咸豐前去探望請安，正值太妃睡得迷迷糊糊，以為來的人是自己的兒子奕訢，就說：「當初阿瑪本來是想立你為太子的，如今成了這樣，命也！你要自愛。」說完後，太妃才發現身邊的人是咸豐，尷尬至極，於是轉身裝睡，不再言語。

《曾國藩家書》中說：「多躁者必無沉毅之識，多畏者必無卓越只見，多欲者必無慷慨之節，多言者必無質實之心，多勇者必無文學之雅。」

咸豐臨終前，已經看出來八大臣會對將來的政權不利，於是召見慈禧說：「你帶他回北京，要快。回北京就馬上讓他登基。」隨後自殺而死。（慈禧曾孫葉赫那拉．根正的說法）八大臣迅速控制了局面。六阿哥奕訢要求到承德來為自己的哥哥弔喪，八大臣不准。奕訢於是假扮喇嘛到了承德，與慈禧密謀除掉了八大臣。

同治帝讀書時很不認真。同治的老師翁同龢在日記中這樣記載同治帝載淳的讀書情況：「以『重農貴粟』為題考他，半天憋不出一個字來，初稿沒一字寫的行的，且虛詞也用不對，我給皇上掰開揉碎了講，還是聽不懂，半截皇上走了。中午再來讀書，坐了一小時一個字不寫，於是作詩，詩也不行。奈何奈何奈何！」

李鴻章訪英期間，主人邀請他去看一場足球賽。這位搞洋務的清朝特使不知足球為何物，看了半場以後，莫名其妙，覺得很沒意思，問旁邊興致正濃的英國勛爵們：「那些漢子，把一個球踢來踢去，什麼意思？」英國人說：「這是比賽，而且他們不是漢子，他們是紳士，是貴族。」李鴻章搖搖頭說：「這種天氣，為什麼不僱些傭人去踢？為什麼要自己來，跑得滿頭大汗？回頭內熱外感，傷風感冒可就不妥了，謬矣哉，謬矣哉！」主人大窘。

李鴻章由華盛頓赴紐約，派隨員某君提前一日走，令預為布置訂購房間。隨員到紐約後，向最裝修最豪華的旅館訂房間，問價，答曰：「一等每間每日百八十元，合華幣三百五六十元，二等減半，三、四等遞減。」隨員不敢決，致電李鴻章請示。李鴻章閱電也咋舌，斟酌再三，回電令訂二等一間自居之，三四等各五間隨員、僕人分別居住。李鴻章於第二天清晨駛汽車離開，對隨員說：「一日不去，則耗費不鮮矣。」

李鴻章出使俄國，俄皇待以殊禮。某夜演劇，俄皇與李鴻章並坐，而諸大臣候於其旁。不一會兒，李鴻章自稱如廁，因即離座，其跟人隨之。李竟回寓去。俄皇不見李鴻章回來，派人找也沒找見，深責諸大臣之不敬。第二日見俄皇，俄皇問他昨夜為何先回。李鴻章答：「某素畏夜睡，每以九點鐘為度。蓋日中諸事紛煩，恐睡時遲，則不能辦事也。昨夜本欲直陳於陛下，恐陛下不許，因獨自先回。今將特來請罪。」俄皇付之一笑。

大清財相閻敬銘自稱一生中三大願望沒能實現。三大願者，一是內庫積銀千萬，二是京師盡換制錢，三是天下錢糧徵足。

同治染上了梅毒（即性病）。慈禧不想讓外人知道，便說：「這大概是天花，你們就按天花治吧。」於是太醫按天花來治，結果越治越嚴重。同治大怒：「老子得的不是天花，是什麼難道你們看不出來嗎？」太醫說：「皇上，我們也沒辦法，老佛爺讓我們這樣治，我們就只能這樣治。」

曾國藩曾說：「天下古今之庸人，皆以一惰字致敗；天下古今之才人，皆以一傲字致敗。」

曾國藩在給曾紀澤的信中講述自己生平三恥：一，各種學問都稍稍涉獵，唯有天文算學，一點也沒有學習過，就連恆星和五緯也不會辨認；二，小時候我也經常習字，但是沒有始終臨摹一家的字型，結果因屢次改變，最終一無所成，如今寫字速度慢，很不適用；三，近年來在軍營裡處理公務，常因字寫得太慢而耽誤很多事情。鑑於此，他對曾紀澤說，你若承認是我家子孫，就該常思洗掉這三件恥辱。譬如認識恆星五緯，每天晚上認明恆星二三顆，不到幾個月，就能全部認識。

李鴻章出訪俄國，受邀參加在彼得堡的一個博覽會。會場上氣氛非常熱烈，各界名流薈萃一堂。李鴻章身為皇帝的欽差頭等出使大臣，自然是上賓款待，優禮有加。他穿著袍子馬褂，翎子頂戴，在大庭廣眾間，居然呸的一聲，隨地吐出了一口痰。這一幕恰巧被作家高爾基（Maxim Gorky）的看到，被他寫在了長篇小說《克里薩木金的一生》中。

德齡這樣評價慈禧太后：「慈禧有時也閒話家常，一臉安詳閒散的樣子，眼中閒著柔和，談著談著一旦涉及要害問題，慈禧的目光頓時變成一道似乎可以刺穿對方胸膛的利劍，使對方心驚膽顫。凡與她聊過的大臣，無不感到看似輕鬆的話語背後藏著凜然殺機，唯恐出現半點差池，兩腿戰慄，虛汗直冒，往往一場談話下來後背早已溼透。」

曾國藩人生哲理經典語錄：「凡遇事須安祥和緩以處之，若一慌忙，便恐有錯。蓋天下何事不從忙中錯了。故從容安祥，為處事第一法。」「人生一日或聞一善言，見一善行，行一善事，此日方不虛生。遇富貴人，宜勸他寬，見聰明人宜勸他厚。」「貧賤時眼中不著富貴，他日得志必不驕。富貴時意中不忘貧賤，一旦退休必不怨。」

西元一八九四年八月二十七日，李鴻章會見了世界禁煙聯盟執行祕書約瑟夫．G．亞歷山大，為廢除強加在中國人頭上的鴉片貿易做了許多努力。當時的《倫敦每日新聞》曾有報導：「……他以最強勁的語言聲稱，中國政府一如既往地強烈反對鴉片貿易。這種貿易是列強透過戰爭強加給中國的，中國政府根據條約不得以允許印度鴉片進入大陸。……李總督最後明確宣稱：你們也許明白，如果你們停止毒害我的人民，我們就會立即禁止他們獲得鴉片。」

李鴻章在環球訪問結束時，曾請求美國媒體幫助中國移民，為在美華人移民爭取權利的機會：「我只期望美國的新聞界能助中國移民一臂之力。我知道報紙在這個國家有很大的影響力，希望整個報界都能幫助中國移民，呼籲廢除排華法案，或至少對《格利法》進行較大的修改……排華法案是世界上最不公平的法案……你們的國家代表著世界上最高的現代文明，但你們的排華法案對華人來說是自由的嗎？這不是自由！……我相信美國報界能助華人移民一臂之力，以取消排華法案。」

一九〇一年十一月七日李鴻章去世前力薦袁世凱，他在遺摺中附片奏聞：「環顧宇內人才，無出袁世凱其右者。」「袁公不但懂軍事，而且熟悉外交，他膽略兼優，能持大體。」「袁世凱血性忠誠，才識英敏，力持大局，獨為其難。」因而李鴻章逝世當天，袁世凱即署理直隸總督兼北洋大臣之職。

一九〇一年慈禧太后六十六歲壽辰時，直隸總督袁世凱特地進口一輛汽車，當作壽禮敬獻給慈禧。慈禧看了喜不自禁，高興地問：「這車跑得這麼快，要吃許多草吧？」德國司機說：「它不吃草，燒的是油。」駛出紫禁城後，慈禧才發現「車夫」不僅坐著，竟然還敢坐在前面，於是說：「前面的那個人（司機）怎麼能跟我平起平坐？讓他跪著開。」司機只好跪著駕駛，因手不能代替腳去踩油門，路上險些釀成大禍。

有一次，曾國藩去找左宗棠，正巧碰見見左宗棠在看小妾洗腳，曾國藩腦中靈光一身，作一上聯：「看如夫人洗腳」，左宗棠立即回敬：「賜同進士出身（曾國藩是進士出身）」。曾國藩大窘。

慈禧脾氣喜怒無常。有一次，一個太監陪慈禧太后下棋，無意中說了一句「奴才殺老祖宗的這隻馬」，慈禧的臉上立即晴轉多雲，大怒道：「我殺你一家子！」隨即派侍衛將這個太監拉出去活活打死了。

慈禧喜歡梳頭，也很愛惜自己的頭髮。有一次，一個給慈禧梳頭的太監梳完頭，發現梳子上有一根頭髮，心中發慌，想把頭髮藏起來，結果還是被慈禧從鏡子裡看到了，將梳頭的太監打了一頓板子。

據溥儀回憶，慈禧年老後，有了「顏面肌抽搐的毛病」，最忌諱別人看見，有個太監大概是多瞧了一眼，慈禧立刻問：「你瞧什麼？」太監答不上來，捱了一頓板子。別的太監知道後，每次在她面前都低著頭。這下慈禧又不高興了：「你低頭做什麼？」又將太監打了一頓。還有一次，慈禧問一個太監天氣怎麼樣，這個太監用鄉音回答說：「今兒個天氣生冷生冷的。」慈禧聽著不順耳，又叫人將這個太監打了一頓。

慈禧死後的諡號為「孝欽慈禧端佑康頤昭豫莊誠壽恭欽獻崇熙配天興聖顯皇后」。如果用現代漢語來解釋，那就是：德高望重、深受敬仰的賢后，其治國之德與母儀之風，永為後世典範！

大清帝國的第一位駐外使節郭嵩燾回國退休後，想辦一個航運公司，但申請打上去，屢經波折，就是辦不下來。無奈之下，郭嵩燾只好寫信給李鴻章的抱怨說：「輪船之為便利，天下所共知也。愚劣如湘人，亦習焉而知其利。是以十年以前，阻難在士紳；十年以來，阻難專在官。凡三次呈請……獨不准百姓置造。」

左宗棠對曾國藩很是看不慣，每次跟部下聊天必罵曾國藩，而部下多為曾國藩的舊部，聽了心裡很不舒服，出來後說：「你自己和老曾不和睦，跟我們囉嗦什麼，耳朵都磨出繭子了。聽了半天也沒覺得你有什麼理，根本不能自圓其說。」

左宗棠任師爺時，有一次與武官樊燮見面，樊燮不向他請安，左宗棠說：「武官見我，無論大小都要請安，你還不快請安？」樊燮說：「沒有武官見師爺請安的道理，我好歹也是二品官。」左宗棠立即搧了他一個耳光，「王八蛋，滾出去！」

西元一八七二年，伊藤博文隨岩倉使節團在美國逗留期間，在草擬的《奉命使節要點》中寫道：「以我東洋諸國現行之政治風俗，不足以使我國盡善盡美。而歐洲各國之政治制度、風俗教育、營生守產，皆超絕東洋。由之，移開明之風於中國，將使我國民迅速進步至同等化域。」可見，比起只學西方技術的李鴻章，伊藤博文更多的關注的是歐洲的政治制度。二者一比較，高下立分。

梁啟超曾說：「吾敬李鴻章之才，吾惜李鴻章之識，吾悲李鴻章之遇。」

福建海疆大臣張佩綸是李鴻章的女婿，他的孫女叫張愛玲，所以張愛玲是李鴻章的曾外孫女。張佩綸結婚時，當時看不起李鴻章的清流文人作了一副對聯，「老女配幼樵（張佩綸字幼樵），無分老幼；東床即西床，不是東西。」

英國人普蘭德這樣評價恭親王奕訢：「如果恭親王活著，庚子之亂不會發生，滿清權貴愚昧無知，排漢排外，只有恭親王有威望和權力能阻止他們對各國宣戰。」

馬尾海戰清軍失敗，戴啟文在《馬江戰》一詩這樣諷刺指揮此戰的張佩綸：馬江地扼閩江口，特簡重臣資鎮守。運籌帷幄逐先機，豈容失著居人後？敵船入，陣雲集，戰書來，星火急。將士動色走相告，欲請詰期已無及。彼軍突起環而攻，炮火轟擊雷霆衝。地崩山摧戰士死，樓船化作飛灰紅。事機已坐失，束手更無策。走向鼓山頭，驚魂歸不得。籲嗟乎！平時未習孫吳書，書生安可恃兵符？大言欺人事無補，隨陸應羞不能武。

劉銘傳不喜歡讀儒家經典，按部就班地走科舉的正途，他喜歡研讀兵書、戰陣、五行雜書，劉銘傳曾經登大潛山仰天嘆曰：「大丈夫當生有爵，死有謚，安能齷齪科舉間？」

相傳，八國聯軍攻打北京城時，慈禧派崔玉貴將珍妃推到了井裡，這一說法似乎成了一個定論。但在珍妃的姪子回憶姑姑的文章中，則明確說明是從瑾妃那裡聽說：在慈禧與珍妃的衝突中，慈禧讓珍妃去死，於是珍妃就跳了井，崔玉貴去拉珍妃但沒有拉住。雖然珍妃的死與慈禧有關係，但珍妃並不是慈禧下令害死的。（《我所知道的慈禧太后》）

慈禧和光緒關係緊張，光緒本人除了在學習方面很用功外，在處理國家政務上面並不擅長。慈禧屢次給他機會，但光緒的表現讓慈禧很失望。「戊戌變法」失敗後，慈禧將光緒囚禁，心裡也很難受，有一次在仁壽殿當著百官的面就哭了起來。邊哭邊罵：「沒想到啊，你除了沒吃過我的奶，我對你比親兒子還親，這些大夥都看著呢。俗話說燕雀反哺，今天我把你這個小雀雛哺大了，可你反過來要啄我的眼啊！」

光緒病情惡化，對御醫們極其失望，多次斥責他們：「病勢遷延，服藥總覺無效，且一症未平，一症又起；」「服藥非但無功，而且轉增，實係藥與病兩不相合，所以誤事！」「每次看脈，匆匆頃刻之間，豈能將病詳細推敲？不過敷衍了事而已。素號稱名醫，何能如此草率！」

赫德蘭（Isaac.Taylor.Headland）所著《一個美國人眼中的晚清宮廷》中對隆裕這樣寫道：「隆裕皇后長得一點都不好看。她面容和善，常常一副很悲傷的樣子。她稍微有點駝背，瘦骨嶙峋。臉很長，膚色灰黃，牙齒大多是蛀牙。她十分和善，毫無傲慢之舉。我們覲見時向她問候致意，她總是以禮相待，卻從不多說一句話……每到夏天，我們有時候會看見皇后在侍女的陪伴下在宮中漫無目的地散步。她臉上常常帶著和藹安詳的表情，她總是怕打擾別人，也從不插手任何事情。」

袁世凱兄弟姐妹一共九人，除大哥是嫡出外，其餘諸人都是庶出。袁世凱的母親劉氏在天津去世時，老袁官至正二品的直隸總督，而且還是全國八大總督排名第一的直隸總督。袁世凱請了假，準備搬運靈柩迴轉項城安葬。但大哥認為劉氏不過是一位庶母，不准入祖墳正穴，袁世凱只得另買了新墳地安葬，憤而絕交，不再往來，以後就定居在彰德的洹上村，不再回項城老家，直到老袁做了總統，倆兄弟倆還是不相聞問的。

袁世凱知權謀，有膽略，唯一怕的人就是慈禧。有一次，慈禧太后在召見袁世凱後將他留下，把大臣參袁世凱的摺子拿給袁世凱看，袁世凱閱後嚇得汗流浹背，戰戰兢兢，一句話也說不出。事後袁世凱曾對人說：「不知為什麼，我一見太后，腿就發軟。」

袁世凱十二歲在作文中寫道：「東西兩洋，歐亞兩洲，我早晚會一隻手拖起他們。我將率天下之士把歐亞兩洲囊括於自己的手中。堯舜湯武是假仁假義，我看不起他們，不會像他們那樣做，我將讓天下人拜倒在我腳下，有不從者殺無赦！」

袁世凱十六歲時寫作文，寫道「以殺止殺，而殺殺人者，殺即止矣。」他的老師閱後批覆說：「你將來若得勢，恐怕不是以殺伐定國，就是以殺伐亂世。」

袁世凱在天津小站練兵，頗有成效。英國海軍少將貝斯福 (Lord Charles Beresford) 說：「袁世凱的軍隊是清帝國僅有的一支裝備完善的軍隊。」「袁世凱出身儒生，卻能成為名將，多學多能，不但廉潔而且勤奮，他是個聰明與膽略兼而有之的人。」

美國駐華公使瑞恩 (Paul Samuel Reinsch)：「袁世凱身材矮胖，但面部表情豐富，舉止敏捷，粗脖子，圓腦袋，看起來精力非常充沛。他的眼睛優雅而明亮，敏銳而靈活，經常帶有機警的表情。他銳利的盯著來訪的客人，但不顯露敵意，而老是充滿著強烈的興趣，他的眼睛顯示他敏捷的領悟談話的傾向。」

袁世凱的北洋六鎮因有拱衛京師的重責，所以其軍費占用了很大一部分政府預算，其他省分的編練任務只得壓縮減少。有人抱怨說：「徵天下之餉，練兵一省，如人單護腹心，而聽四肢之屠割，未有不立死者也。」

慈禧怡情於花卉和書法，經常寫些福壽等字賜給大臣。不過她也知道自己的字登不得大雅之堂，想找個代筆的婦人，於是讓各省督撫留心尋覓。四川有個官眷繆氏，工於花鳥和小楷字型，後來被送入京城，讓她隨在慈禧左右，免其跪拜，月俸二百兩銀子。這之後，凡大臣家有慈禧所賞的花卉扇軸等物，一般都出自這位御用「槍手」的手筆。

西元一八六七年七月二十一日晚，曾國藩與幕僚趙烈文聊天時說：「京中來人云：『都門氣像甚惡，明火執仗之案時出，而市肆乞丐成群。』民窮財盡，恐有異變，奈何？」趙烈文回答說：「天下治安一統久矣，勢必馴至分剖。然主威素重，風氣未開，若非抽心一爛，則土崩瓦解之局不成。以烈度之，異日之禍必先根本顛仆，而後方州無主，人自為政，殆不出五十年矣。」趙烈文推斷清朝將在五十年內滅亡。結果四十四年清朝就瓦解了。

袁世凱為了上位，在奕劻身上沒少花銀子。每次慶王府裡有個什麼婚喪嫁娶或是過生日的，所花費用全部都由直隸總督衙門代為開銷。一次，慶王府裡收到了袁世凱送來的十萬兩白銀（一說是二十萬兩），來人轉述袁的話說：「王爺就要有不少開銷，請王爺別不賞臉。」沒過幾天，奕劻就被慈禧任命正式領軍機處，眾人紛紛驚嘆袁世凱的未卜先知。

一九〇八年，光緒和慈禧太后去世，三歲的醇親王長子溥儀入承大位。登基大典上，百官行三跪九叩禮，溥儀哪見過這種陣勢？放聲啼哭，哭著嚷著說：「我不挨這裡，我要回家！我要回家！」生父、攝政王載灃無可奈何，只好低聲安慰溥儀：「不要哭了，一會兒就完了，快完了啊！」連說了好幾遍，溥儀才止住不哭，登基大典也草草收場。不料載灃一語成讖，三年時間不到，大清朝便轟然倒塌。

清末思想家龔自珍曾說：「滅人之國，必先去其史；滅人之枋，敗人之綱紀，必先去其史；絕人之材，湮塞人之教，必先去其史；夷人之祖宗，必先去其史。」

袁世凱的叔叔天津海關道袁保恆帶他去見淮軍統帥李鴻章，沒說幾句話，李鴻章就要給袁世凱官職。袁保恆連忙說：「我姪兒年紀小，並無才學，大人如果給他差使，怕他成事不足敗事有餘。」李鴻章說：「你真這樣看不起你姪兒嗎？我看他將來功名事業恐怕在你百倍以上呢！」

袁世凱赴朝鮮後沒有受到重用，對長官吳長慶說：「我家有田可種，衣食無憂，並不是沒飯吃才來投軍，中國現在正受列強壓迫，法國侵略越南，擾及我南洋沿海，中法戰爭早晚必打，如果法國獲勝，列強將群起瓜分中國。我受命隨您在朝鮮把守中國東大門，鄙人雖不才，但有報國之志，怎料您溫雅如書生，並無馳騁疆場、投鞭斷流之氣概，所以我不打算久留此地。」吳長慶大驚，從此對他刮目相看。

有個叫魯伯陽的人，花錢買了個蘇松太道的官，但到江南準備赴任時，正碰上劉坤一做兩江總督。劉坤一知道他的底細，故意不讓他上任，幾個月後還找了個藉口將他彈劾開缺。魯伯陽心裡那個氣啊，為了買這個官，自己前前後後總共花了七萬多兩銀子，結果不但老本沒收回來，連官也一天沒做成，一氣之下，看破紅塵，跑去做了道士。

旗人玉銘本是個木商，靠著做皇宮的生意賺了不少錢，因出資贊助修建頤和園，被慈禧授予四川鹽茶道。玉銘趕去謝恩，光緒見此人粗鄙不堪，問他在哪個衙門當差？玉銘答不上來，便說：「奴才一向在某某木廠當差。」光緒哂然笑道：「那你就是木廠掌櫃了。既然木廠生意這麼好，你幹嘛還要去做官呢？」玉銘脫口而出：「奴才聽說四川鹽茶道賺的錢比木廠多幾倍呢。」光緒讓他寫下自己的履歷，文盲玉銘寫不出來，光緒大怒，玉銘的四川鹽茶道自然也遭革除。

翁同龢的哥哥翁同書任安徽巡撫時，在與太平軍作戰中臨陣脫逃，且在其後的招撫割據勢力苗沛霖中處置失當。曾國藩對其忍無可忍，但又投鼠忌器，幕僚李鴻章代他寫了篇彈劾奏章，朝廷於是判了翁同書斬監候。父親翁心存聽到這個消息後，也歸了西。有了這層恩怨，翁同龢在後來處處與李鴻章過不去。

一九〇八年，光緒皇帝和慈禧太后相繼去世後，全國舉行「國喪」，女界先鋒呂碧成寫了一首名為〈白字令〉的詞在民間悄悄流傳：「排雲深處，寫嬋娟一幅，翠衣輕羽，禁得興亡千古恨，劍樣英英眉。封鎖邊疆，京垓金弊，纖手輕輸去，遊魂地下，羞逢漢雉唐鵝。」這首詞是說慈禧太后主掌朝政近半個世紀，卻把中國弄得一團糟，到了地下，怕是羞於與呂后、武則天相見了。

慈禧非常喜歡照相。在照相之前，她總是先翻閱皇曆，選定良辰吉日後才可以。第一次拍完後，慈禧就到暗房裡去看新鮮，想看看是怎麼沖洗照片的。當她看到自己的照片泡在藥水裡，臉都是黑的，非常吃驚，問德齡：「這臉怎麼都是黑的啊？會不會有什麼不好的兆頭？」德齡就解釋說，照片印出來還要漂洗處理。慈禧說道：「倒是非常有趣，還要費很多手腳。」

光緒每次吃飯時，桌上雖有十幾種菜餚，但離得近的菜大多久熟乾冷，離得遠的大多已臭腐，而慈禧又要光緒保持節儉，因此，光緒每次都吃不飽飯。信修明在《老太監的回憶》中這樣寫道：「光緒在十歲左右時，由於經常吃不飽，他每至太監房中，必先翻吃食，拿起就跑，等到太監追上，跪地哀求，小皇帝已將餑餑入肚一半矣。小皇帝如此飢餓，實為祖法的約束，真令人無法。」

光緒性情敏感，體弱多病，不愛學習，經常哭鬧不止。翁同龢入宮後，悉心教導年幼的皇帝，帶給他無微不至的關懷，也讓從小就缺乏父愛與母愛的光緒對他產生了對父親般的依賴和信任。翁同龢有一次回家辦事，小皇帝整天情緒低落，無心學習。翁同龢回來後，光緒拉著翁同龢的手高興得眼淚直流，大聲讀起書來。太監悄悄告訴帝師翁同龢：「自從師傅走後，皇上從來沒有這樣大聲讀過書！」翁同龢知道後老淚縱橫：小皇帝在宮中真的是太孤單、太可憐了！

一九〇四年陰曆十月十日是慈禧太后的七十歲生日。清宮上下舉行了極為隆重的「萬壽慶典」。因「蘇報案」被捕入獄的章太炎卻在上海「西牢」內寫下了這樣一副對聯：「今日到南苑，明日到北海，何日再到古長安？嘆黎民膏血全枯，只為一人歌有慶。五十割琉球，六十割臺灣，而今又割東三省！痛赤縣邦圻益蹙，每逢萬壽祝疆無。」

陳夔龍曾這樣評論袁世凱、張之洞、岑春煊這三位最具實力的封疆大吏：「時論南皮屠財，項城屠民，西林屠官。三屠之名，流傳幾遍中外。又謂南皮有學無術，項城有術無學，西林不學無術。」

太監寇連材在《宮中日記》中說：「中國四百兆人中，境遇最苦者莫如光緒。常人還是孩子時，無不有父母愛他，呵護他，照顧飲食，噓寒問暖。即便是孤兒，也會有親戚朋友來撫養。唯獨皇上四歲登基，登基後無人敢關愛他，即便是光緒的生母，因為限於名分和宮中的規矩，也不被允許親近。名分上可以關愛呵護光緒皇帝的，只有慈禧一人。然而慈禧驕奢淫逸，並不關心皇上，所以皇上孤苦伶仃，其生母每次說起這事就淚流不止。」

李蓮英是晚清朝廷中最知名的太監。他本是直隸（今河北）河間府人，八歲淨身，九歲入宮，因擅長梳頭而得到慈禧太后的寵愛。不同於前任安德海的囂張自大，李蓮英在宮中小心謹慎，因此有人將他比作「佛見喜」（一種梨，外表不招人喜歡，但吃起來又甜又脆）。李蓮英曾用八個字總結自己的一生：「事上以敬，事下以寬。」

汪精衛的演講口才極為出眾，演講極富《俺染力，吳稚暉稱汪為「雄辯家」。胡漢民在自傳中則記述道：「余前此未嘗聞精衛演講，在星洲始知其有演說天才，出詞氣動容貌，聽者任其擒縱。余二十年來未見有工演說過於精衛者。」

梁啟超在《新民叢報》上撰文批評革命黨領袖們：「徒騙人於死，己則安享高樓華屋，不過『遠距離革命家』而已。」

因被梁啟超批評為教唆人赴死的「遠距離革命家」，汪精衛決心以一死來證明自己的信念和勇氣。為了以最小的代價換來最大的轟動效果，他把暗殺對象為攝政王載灃。未料事洩被捕，入獄後作絕命詩一首：「慷慨歌燕市，從容做楚囚。飲刀成一快，不負少年頭。」後經人營救出獄，追隨孫中山。汪投敵叛國後，有人在這首詩中每句前各加二字：「曾經慷慨歌燕市，當年從容做楚囚。恨未飲刀成一快，終慚不負少年頭。」

汪精衛被捕入獄後，善耆判了汪等人無期徒刑。汪在所撰〈正月的回憶〉中寫道：「救我命的是肅親王。肅親王為使我拋棄革命的決心，用盡了種種方法，曾經有一次，把我帶到法場上，逼迫我變更革命的決心。他常常到獄中來，與我談論天下大事，談論詩歌。我是能免一死，也許是有一種政治的作用的。但是，我每回憶道這個時候的事，總想到這位清朝末期的偉大的政治家。」

汪精衛刺殺載灃事洩被捕入獄時，章宗祥正擔任北京內城巡警廳丞。章宗祥審訊汪精衛時，汪索要了執筆，「席地寫供辭，洋洋數千言，力言革命之起，由於朝政腐敗」。當時革命黨活動頻繁，屢屢起事，章宗祥認為汪文采出眾，殺之可惜，且革命黨問題不是用單純的屠殺政策就能解決的，於是和汪榮寶商議，請肅親王善耆設法拯救。

肅親王說：「汪先生在《民報》的篇篇大作，我都拜讀過。汪先生主張中國必須自強自立，改革政體，提倡民眾參政，效法西方立憲，這些與朝廷的主張都是一致的。目前朝廷正在籌辦預備立憲，建立國會讓民眾參政議政，這些不正是先生所爭取的革命目標嗎？」汪精衛說：「我們革命黨人所主張的絕不是立憲，而是要推翻封建專制，實行三民主義。親王既然讀過汪某在《民報》上的文章，對汪某的革命主張應有所了解。」

來自南洋的富家小姐陳璧君對汪精衛一見傾心，苦戀汪大帥哥。汪精衛北上行刺，陳璧君執意跟隨，有人半開玩笑地說：「你有一張英國臣民的護照，當然不怕死，到關鍵時刻，英國領事館自會來救你。」陳璧君聽完二話不說，拿出英國護照當場撕成碎片，滿座皆驚。汪精衛被捕後她又竭力參與營救，還發誓陪汪把牢底坐穿，終於打動了汪，出獄後兩人結為夫妻。

一九一〇年後，攝政王在養心殿召見官員時，「太監引至門口，自行進去，行一鞠躬禮。三品京堂以上，隔案設座位。攝政王即說，坐下奏對，這是民主得多，不覺拘束惶恐。」

一九一一年十二月二十五日，孫中山結束其十六年的流亡生涯回到上海。當國內一些報紙紛紛揣測他從美英法帶回了軍艦與大批貸款之時，孫中山卻對記者說：「予不名一文也，所帶者革命之精神耳！革命之目的不達，無和議之可言也。」

電子書購買

爽讀 APP

國家圖書館出版品預行編目資料

微觀大清史，從草原開始的帝國：帝王夢、宮妃淚、名臣志、百姓話……從鐵騎入關說起，看權力與愛恨交織的大清百年記憶 / 朱耀輝 著 . -- 第一版 . -- 臺北市：複刻文化事業有限公司，2025.05
面； 公分
POD 版
ISBN 978-626-428-134-8(平裝)
1.CST: 清史 2.CST: 通俗史話
627.09 114005721

微觀大清史，從草原開始的帝國：帝王夢、宮妃淚、名臣志、百姓話……從鐵騎入關說起，看權力與愛恨交織的大清百年記憶

臉書

作 者：朱耀輝
發 行 人：黃振庭
出 版 者：複刻文化事業有限公司
發 行 者：崧燁文化事業有限公司
E-mail：sonbookservice@gmail.com
粉 絲 頁：https://www.facebook.com/sonbookss/
網 址：https://sonbook.net/
地 址：台北市中正區重慶南路一段 61 號 8 樓
8F., No.61, Sec. 1, Chongqing S. Rd., Zhongzheng Dist., Taipei City 100, Taiwan
電 話：(02) 2370-3310 傳 真：(02) 2388-1990
印 刷：京峯數位服務有限公司
律師顧問：廣華律師事務所 張珮琦律師

定 價：380 元
發行日期：2025 年 05 月第一版
◎本書以 POD 印製